Max Apel

Der Werdegang des preussischen Offizierkorps bis 1806 und seine Reorganisation

Max Apel

Der Werdegang des preussischen Offizierkorps bis 1806 und seine Reorganisation

ISBN/EAN: 9783955641993

Auflage: 1

Erscheinungsjahr: 2013

Erscheinungsort: Bremen, Deutschland

@ EHV-History in Access Verlag GmbH, Fahrenheitstr. 1, 28359 Bremen. Alle Rechte beim Verlag und bei den jeweiligen Lizenzgebern.

Der Werdegang des preußischen Offizierkorps bis 1806 und seine Reorganisation.

Ein Beitrag zur Geschichte seiner Entwickelung

Von

Apel,
Hauptmann und Kompagniechef
im 3. Niederschlesischen Infanterie-Regiment Nr. 50.

Druck und Verlag von Gerhard Stalling, Oldenburg i. Gr.
Verlag des Deutschen Offizierblattes. — Gründung der Firma 1789.

Inhalts-Verzeichnis.

		Seite
1. Kapitel.	Die Anfänge des preußischen Offizierkorps	1
2. Kapitel.	Das friederizianische Offizierkorps . .	19
3. Kapitel.	Die Verflachung friederizianischer Tradition und die Ursachen des Zusammenbruchs von 1806	75
4. Kapitel.	Die Reorganisation	97

1. Kapitel.
Die Anfänge des preußischen Offizierkorps.

Um das großartige Werk Friedrichs Wilhelms des Großen Kurfürsten, die Schaffung eines bodenständigen und einheitlichen Offizierkorps, verstehen und würdigen zu können, muß man sich recht deutlich vor Augen führen, was damals der Offizierstand war, wie er seit dem Auftreten der spätmittelalterlichen Söldnerheere sich entwickelt hatte.

Erst dann faßt uns machtvoll das Gefühl hoher Bewunderung für den genialen Schöpfergeist dieses großen Fürsten und Kriegsmannes, wir sehen, daß er etwas ganz Neues in der Geschichte des Kriegswesens noch nie Dagewesenes, in die Erscheinung rief. Denn das Offizierkorps, welches dem Kurfürsten bei seinem Reformwerke vor Augen schwebte, das hatte nichts gemein mit den Gesinnungs- und vaterlandslosen Aventuriers, welche in der großen Masse die Offiziersstellen der Söldnerheere inne hatten.

Das Offizierkorps der Söldnerheere, wenn man es überhaupt so nennen kann, krankte, wie die ganze Einrichtung selber, an dem Grundprinzip, auf dem sie sich aufbaute, dem dienen und kämpfen, nicht um große, fortreißende Ideen und Ziele, nicht aus feuriger begeisterter Vaterlandsliebe, nicht aus felsenfester Treue und Anhänglichkeit zu einem geliebten Fürsten und Feldherrn, sondern lediglich um den Sold und die Befriedigung persönlichen Ehrgeizes. Der Dienst des Offiziers und Söldners war ein Geschäft und der welcher am besten zahlte und die günstigsten Bedingungen gewährte, dem stellte man, gleichgültig, welcher Nation, welchem Glauben er angehörte, Faust und Leben zur Verfügung. Es war ein Kriegs- „Handwerk" im schlechtesten Sinne.

Ganz entsprechend diesen Grundsätzen war denn auch das Kriegswesen geschäftsmäßig durch das militärische Großunternehmertum organisiert und den Großunternehmern standen viele kleine Unternehmer zur Seite. Diese Großunternehmer waren die Regimentschefs, die Obristen. Sie verpflichteten sich den Fürsten, Herren und freien Städten gegenüber, mit denen sie in Geschäftsverbindungen traten, unter bestimmten Bedingungen, bei denen der Geldpunkt natürlich die Hauptsache war, so und so viel Offiziere und Mannschaften mit Bewaffnung auf bestimmte Zeit zur Verfügung zu stellen. Sie blieben stets Mittelspersonen zwischen ihren Leuten und den eigentlichen Brotgebern und verhinderten jeden unmittelbaren Einfluß dieser Letzteren.

Aus ihrem Verhältnis als Unternehmer und ihrer meist vorübergehenden Beziehung zu dem Kriegsherrn ergab sich natürlich eine ganz außerordentliche Machtbefugnis dieser Regiments-Obersten gegenüber ihren Untergebenen, die Offiziere nicht ausgenommen.

Sie zahlten den Sold, in ihrer Hand lag Ernennung und Beförderung der Offiziere und wurde meist nach Gunst und Willkür gehandhabt. Aber damit nicht genug, auch die gesamte Rechtspflege gegenüber den Offizieren wurde durch sie ausgeübt und der Kriegsherr hatte sich im allgemeinen weder um Bestrafungen, noch um Dienstentlassungen zu kümmern.

Durch die Stellung der Regiments-Obersten selber konnte das Heer nur ein lockeres Gebilde bleiben, denn es gab unter diesen kein Anciennitäts- oder Subordinations-Verhältnis; ihre

Unterstellung unter bestimmte Offiziere hing bis zu einem gewissen Grade von ihrem guten Willen ab. So fehlte es an jedem direkten Einfluß des Kriegsherrn auf die Qualität des Offizierkorps, auf seine Erziehung und Behandlung.

Die Zeit nach dem 30jährigen Kriege ist in jeder Beziehung eine überaus traurige für das deutsche Volk gewesen. Nicht nur bedeutet sie einen beispiellosen materiellen Niedergang, sondern sie zeigt auch, und dies wog noch viel schwerer, einen ungeheuren Verfall von Zucht und Sitte, von Pflicht=, Ehr= und Vaterlandsgefühl und endlich der geistigen Bildung. Roheit und Gemeinheit sehen wir in all' ihren wechselnden Erscheinungen sich bei Bürger und Bauer nicht minder breit machen, wie bei dem Adel der Hofkreise.

Kein Wunder, daß wir alle Laster in der Potenz bei dem durch die langen, zügellosen Kriegsjahre gänzlich verwilderten Soldatenstande, unter Offizieren wie Mannschaften finden. Bei der großen Mehrzahl dieser verrohten und entarteten Abenteuerer und Glückssoldaten, aus denen sich der Offiziersstand in seiner überwiegenden Zahl zusammensetzte und rekrutierte, war Ehr= und Pflichtgefühl bis auf einige traurige äußerlichen Reste dahingeschwunden. So pflegten sie dann ungescheut alle nur denkbaren Laster; nicht nur Trunksucht und Spiel, Raufereien und Vergewaltigungen, Roheiten und Mißhandlungen von Untergebenen und Bürgern waren an der Tagesordnung, sondern auch Betrügereien und Erpressungen; Trinkgelder und Bestechungen hielt man durchaus nicht für unter der Standeswürde, dabei nicht die geringste Spur eines kameradschaftlichen Geistes.

Unter solchen Verhältnissen und mit einem so gearteten Material ging der große Kurfürst daran, sich sein Offizierkorps zu schaffen, dessen oberster Grundsatz Pflicht= und Ehrgefühl sein sollte. Wahrlich, es gehört der Mut des vorausschauenden Genies dazu, nicht von vorne herein an dieser Aufgabe zu verzweifeln.

Friedrich Wilhelm erkannte von Anfang seiner Regierung an klar die Notwendigkeit, ein starkes, ihm treu ergebenes, stehendes Heer zu besitzen, um einerseits seinen Staaten die ihnen gebührende Stellung wieder zu schaffen, sie nicht nochmals zum Spielball der streitenden Mächte zu machen, andererseits seiner Person die Unabhängigkeit von den stets hadernden Ständen zu erkämpfen, welche allein unter den Zeitverhältnissen einen gesunden Fortschritt nach Innen und Außen gewährleistete. Dies Heer sollte nach Möglichkeit national sein und nicht auf Werbungen in aller Welt basieren.

Die Seele dieses Heeres und das feste Gerippe, an dem es seinen Halt finden konnte, sollte fortan das Offizierkorps bilden. Folgende leitende Gesichtspunkte für die Bildung dieses Offizierkorps lassen sich deutlich aus seinen Einrichtungen herauserkennen: Unter Beseitigung der Machtstellung der Regiments-Obersten und Schaffung geregelter Anstellungs- und Beförderungsverhältnisse soll ein „Kurfürstliches" von ihm allein abhängiges Offizierkorps geschaffen werden.

Zweitens soll das Offizierkorps mit der Zeit ein solches werden, das nach Erziehung, Bildung und Herkommen über den Mannschaften steht und so eine natürliche, in seiner geistigen Überlegenheit begründete Autorität besitzt.

Drittens sollen Pflicht-, Ehrgefühl und Kameradschaft die vornehmsten Güter des Offizierstandes werden und stets bleiben.

Die Beseitigung der weitgehenden Befugnisse des Regiments-Obersten war eine weit schwierigere Aufgabe für den souveränen Herrscher, als man wohl glauben möchte, vielleicht schwieriger als das Beiseiteschieben der Stände und die Erlangung der absoluten Macht. Denn, um seinen Willen als den einzig maßgebenden im Staate durchzusetzen, bedurfte er seiner Obersten und mußte sich auf die Treue des Heeres verlassen können; er war daher genötigt, sie mit Vorsicht zu behandeln und sich streng an die mit ihnen abgeschlossenen

Kapitulationen zu halten. Die Obersten wiederum, so ergeben sie dem Kurfürsten meist waren, wachten doch mit Eifersucht über ihren Rechten.

So blieb denn die Ernennung der Offiziere fast während der ganzen, langen Regierungszeit Friedrich Wilhelms in den Händen der Regiments-Inhaber; jedoch brachte es der Kurfürst nach und nach dahin, daß ihm alle Ernennungen vom Fähnrich aufwärts gemeldet werden mußten und auch niemand ohne seine Erlaubnis in das Heer als Offizier aufgenommen werden durfte.

Auch über die Qualität der anzustellenden Offiziere setzte er die Beachtung bestimmter Grundsätze durch. Es heißt in einer Ordre von 1672: „Die Offiziere sollen tüchtige, capabele und Uns anständige Personen sein, die sich dergestalt zu verhalten haben, wie Unsere Verordnungen besagen"; d. h. also einmal bedarf die Anstellung der Genehmigung des Kurfürsten, denn es dürfen nur Personen sein, die ihm genehm sind, dann sollen sie aber die nötigen Fähigkeiten besitzen und damit steuert er dem Unwesen, unwissende Günstlinge in den Regimentern als Offiziere anzustellen.

Seit 1659 war bereits die Entlassung der Offiziere nicht mehr in das einfache Belieben der Regiments-Obersten gesetzt, sie durfte nur nach „Urteil und Justiz" unter Bestätigung des Kurfürsten erfolgen.

Die wichtigste Maßnahme zur völligen Erreichung seines Ziels war die, daß er nach dem Tode der Regiments-Obersten die Nachfolger selbst ernannte und sie durch die mit ihnen abgeschlossenen Kapitulationen in unmittelbare Abhängigkeit von seiner Person brachte. Dies konnte nach der Natur der Sache nur langsam und allmählich vor sich gehen.

Endlich im Jahre 1681 gelangte die Justiz und die Offizier-Ernennungen gänzlich in seine Hand und damit war einer einheitlichen und systematischen Weiterführung des Reformwerkes freie Bahn geschaffen. Den Schlußstein dieser

Entwickelung aber bildet ein Erlaß von 1684, der ein Ancienitäts-Verhältnis unter den Regiments-Obersten festsetzte und damit auch unter ihnen ein Vorgesetzten-Verhältnis begründete. Hiermit schwand die einzig dastehende Ausnahmestellung dieser Offiziere, sie traten auf dieselbe Stufe mit den übrigen und wurden „Kurfürstliche Offiziere." Das militärische Unternehmertum hat damit in Brandenburg-Preußen ein Ende.

Eins hat der große Kurfürst von Anfang an von seinen Obersten verlangt und durchgesetzt, eine geregelte Beförderung nach dem Dienstalter. Nicht, daß ein schnelles Vorwärtskommen besonders begabter Offiziere damit ausgeschlossen gewesen wäre, solches behielt sich der Kurfürst vielmehr persönlich vor, aber die Offiziere sollten davor bewahrt bleiben, in ihrem Fortkommen lediglich von der Gunst und Gnade des allgewaltigen Regiments-Obersten abhängig zu sein. Wenn auch aus dem später pedantisch durchgeführten Ancienitäts-Prinzip manch großer Nachteil für das Heer erwachsen ist, so daß Scharnhorst später bedauernd sagen konnte, wenn jemand eine feste Gesundheit besitze und das nötige Lebensalter erreiche, so könne er die höchsten Stellen im Heere erreichen, weiter gehöre nichts dazu, so wohnt doch diesem Prinzip als solchem und in richtigem Maße angewandt, eine außerordentliche Bedeutung für das Offizierkorps inne. Der Offizier muß bei seinem schweren und entsagungsvollen Berufe, der keine materiellen Vorteile bietet, wissen, daß er, sobald er seine Pflicht tut, ohne übergangen zu werden, vorwärts kommt.

Bemerkenswert, weil im Gegensatz zu unseren Anschauungen, ist es, daß ein Übergangenwerden, z. B. bei der Beförderung zum Stabsoffizier, durchaus keinen Grund für den Abschied bildete. Der Betreffende blieb ruhig in seiner Stellung, so lange es seine Kräfte gestatteten, wenn er einen höheren Dienstgrad nicht erreichen konnte. Dieser Grundsatz hat sich noch über ein Jahrhundert im Heere erhalten.

Zunächst hat sich der Kurfürst lange Zeit mit dem Offiziersmaterial, das er vorfand, behelfen müssen. Wie dies im allgemeinen beschaffen war, haben wir schon gehört. Es blieb also nichts übrig, als diese Offiziere, so gut es gehen wollte, durch Erziehung den Idealen zuzuführen, welche dem Herrscher für sein Offizierskorps vorschwebten. Ein hartes Stück Arbeit, ein schier unerreichbares Vorhaben! Allein der Kraft des Genies, der unbeugsamen Willenskraft eines Friedrich Wilhelm konnte dies bis zu einem gewissen Grade gelingen.

Wir sehen ihn denn auch in Belehrung und Ermahnung unermüdlich tätig; wo diese nicht halfen, greift er mit den strengsten Strafen rücksichtslos durch. Diesen Offizieren, die sich mit einem gewissen Hochmut als „Kavaliere" fühlten, mußte man mit oft sehr drastischen Mitteln erst einmal zeigen, was eigentlich Kavalier sein heiße. Daß dazu gute Sitten, Ehr= und Pflichtgefühl gehöre, das wollte zunächst garnicht in ihre harten Köpfe. Eins der drastischen Mittel des großen Kurfürsten, sehr empfindlich für den plumpen Dünkel der Mehrzahl seiner Herren Offiziere, möge hier Er= wähnung finden. Sie konnten es nicht fassen, daß willkür= liche Beleidigungen und Mißhandlungen friedlicher Bürger, wie sie im 30jährigen Kriege zu den täglichen Vergnügungen der Herren Kavaliere gehört hatten, sich für einen kurfürst= lichen Offizier nicht mehr schicken sollten. Zuwiderhandlungen gegen die erlassenen Verbote waren daher fortgesetzt sehr zahl= reich. Friedrich Wilhelm bestrafte schließlich die Missetäter damit, daß er sie als Gemeine monatelang die Muskete tragen ließ. Für unsere Anschauungen von der Autorität des Offiziers ein undenkbares Mittel, unter den damaligen Zeitumständen aber sehr wirksam.

So recht in dem korrupten Geist der Zeit lag ein Übel, gegen das der Kurfürst fort und fort mit der größten Energie und Strenge anzukämpfen hatte, die Unterschlagungen bei An=

werbung, Verpflegung und Ausrüstung der Truppe. So lange dies in den Augen der Offiziere unbedenklich erschien, konnte ein richtiges Ehrgefühl keine Fortschritte machen. Gemäß den Anschauungen ihrer Zeit lag es wohl einem großen Teil von ihnen tatsächlich fern, in dem Unterschlagen von Staatsgeldern, in dem rücksichtslos in die eigene Tasche Arbeiten etwas Ehrenrühriges zu finden. Das machten ja alle so bis hinauf zu den Ministern. Wenn sie nach und nach sehr vorsichtig in diesen Dingen wurden, so geschah es wohl hauptsächlich aus Furcht vor harter Strafe, und das richtige Gefühl hierfür ist sicherlich von diesem alten Stamm nur wenigen aufgedämmert.

Außerordentlich gefürchtet wurden daher die Musterungen der kurfürstlichen Kriegskommissare, denn dies waren Leute, welche ganz gegen die Gewohnheit der Zeit unbestechlich blieben. Ihrem scharfen und geübten Blick entging so leicht nichts, weder ein nur für den Tag der Musterung zur Komplettierung gedungener und in die Uniform gesteckter Landstreicher, noch ein Mangel in der Ausrüstung.

Besonders beliebt war dies Einstellen von solchen Landstreichern für den Tag der Musterung, denn die Hauptleute pflegten ihre Kompagnien nicht auf der Etatsstärke zu halten und das überschießende Geld in ihre eigene Tasche zu stecken. Auch hiergegen konnten nur drastische Mittel und rücksichtslose Energie helfen. Fand sich solche Unregelmäßigkeit, so wurde nicht nur der betroffene Kapitän sofort kassiert und gefangen gesetzt, sondern es mußte auch derjenige, welcher sich zu solchem Betrug hatte anwerben lassen, mit schweren Körperstrafen und oft mit dem Tode büßen.

Und doch hat dies demoralisierende Übel sich in der Armee fortgeschleppt, bis endlich in der Reorganisation nach 1806 dem ganzen ungesunden Selbstwirtschafts-System der Kompagnien ein Ende bereitet wurde.

So sehr es dem Großen Kurfürsten am Herzen lag, das richtige Ehr- und Anstandsgefühl unter seinen Offizieren zu wecken, hat er dennoch das Duell nicht als einen wichtigen, notwendigen Faktor zur Erhaltung eines guten und anständigen Tons anerkannt. Dies hat wohl in den Zeitumständen seine Begründung, denn das, was man damals unter Duell verstand, läßt sich mit dem, was wir darunter verstehen, nicht vergleichen. Man schlug sich nicht aus edlen, einem geläuterten Ehrgefühl entspringenden Motiven, nicht zur Erhaltung vornehmer und anständiger Sitten, sondern entweder aus einem Ehrgefühl heraus, das durchaus krankhaft war oder blinden Leidenschaften und Instinkten folgend. Und wie schlug man sich? Es war ein wildes Raufen ohne Form, zu Fuß, zu Pferd, mit Säbel oder Pistole, wie es traf. Bald geschah es vom Fleck aus, bald nach einer gewissen Verabredung, aber im letzteren Falle hieb und stach oder schoß man auf einander los, ganz nach Belieben, oft hinterlistig. Ein charakteristisches Beispiel hierfür ist der Zweikampf Buchs, des Adjutanten des Kurfürsten, mit einem allerdings sehr rauflustigen Herrn von Schlieben. Man hat den verabredeten Waffengang, ohne daß einer der Duellanten ernstlich verletzt worden wäre, beendet. Auf dem gemeinsamen Nachhauseritt mit dem Sekundanten fängt Schlieben aufs neue einen Wortwechsel an und schießt ohne weiteres auf Buch, worauf ihn dieser tot niederstreckt.

Bestimmend für die Anschauungen und die Maßnahmen des Kurfürsten mag wohl auch gewesen sein, daß die Zweikämpfe in erschreckender Weise überhand nahmen. Kurz, er setzte auf jede Herausforderung zum Zweikampf die Todesstrafe. In der Praxis ist diese harte Bestimmung nicht so ernst genommen worden, wie unter anderem auch die Erledigung des oben genannten Falles zeigt; von Buch hat zwar eine Zeitlang außer Landes gehen müssen, ist aber bald wieder zu Gnaden angenommen worden.

Auch mit der Besserung der Lebensgewohnheiten und Sitten beschäftigte sich Friedrich Wilhelm, er suchte der eingerissenen Verrohung Schranken zu setzen und einen besseren Ton und Verkehrsgepflogenheiten in der Geselligkeit Eingang zu verschaffen. Es scheint hier bisweilen übel ausgesehen zu haben, wenn z. B. der Kurfürst in einer Ordre anbefehlen muß: „es sei den Offizieren nicht anständig, sich in Gesellschaft bei Tafel die Hände an den Kleidern der neben ihnen sitzenden Damen abzutrocknen."

Viel wichtiger als die Erziehung des alten Stammes, mit dem er sich nun einmal abfinden mußte, ist die Auswahl und Heranbildung des Nachwuchses durch den Großen Kurfürsten. Dieser bedeutet eigentlich erst den Grundstein des späteren preußischen Offizierkorps, ihm wurden von vornherein die Eigenschaften eingepflanzt, welche fortan an das Mark preußischen Offiziertums bilden sollten.

Zwei Grundpfeiler sind es, auf denen der Große Kurfürst seine Schöpfung aufbaute und die heute noch nach manchen Wandelungen das stolze Gebäude des Offizierkorps tragen. Zum ersten muß der Offizier durch sein Herkommen über den Soldaten stehen und ihm durch dieses und die mit einem solchen verknüpfte Erziehung, ich möchte sagen, eine angeborene Autorität inne wohnen. Zum anderen soll er eine höhere wissenschaftliche Bildung besitzen und sich auch durch diese dem Manne überlegen zeigen.

Ein dritter Punkt, dem er eine große Bedeutung beimaß, dem häufig in der Folge nicht die gebührende Beachtung geschenkt wurde, ist das nationale Offizierkorps.

Welches waren nun die Mittel, durch die diese Ideen zur Ausführung gebracht wurden? Zunächst fiel sein Blick auf die Söhne des zum Teil armen Landadels, sie mußten einen guten und geeigneten Stamm für sein Offizierkorps bilden. Sie besaßen vermittels ihrer Geburt eine natürliche Autorität über die aus den niederen Ständen stammenden

Soldaten, es war das noch in voller Kraft bestehende Gefühl der Erbuntertänigkeit den geborenen Herren gegenüber. Sodann war dieser Adel durch Gewohnheit und Überlieferung kriegstüchtig und von einem gewissen ritterlichen Ehrgefühl erfüllt. Eins fehlte ihm durchweg, die Bildung und der Bildungstrieb. Dem suchte der Kurfürst durch Errichtung von besonderen Bildungsanstalten abzuhelfen.

Bis es ihm jedoch gelungen war, den Eigenwillen des stolzen und selbstherrlichen Landadels nach harten Kämpfen zu brechen, floß diese Ersatzquelle nur spärlich, der Herrendienst stand dem ausgeprägten Selbständigkeitsgefühl dieser Leute nicht an. Es war ihnen noch nicht eine Ehre, ihrem Landesherrn, dem diese Angehörigen der Herrn Stände in seinen Geldverlegenheiten ein Sonderrecht nach dem anderen abzuringen gewohnt waren, auch von der Picke auf treu und selbstlos zu dienen. Nachdem solche Vorurteile gewichen waren und der Adel durch die wachsende Macht des Absolutismus politisch sich mehr und mehr zur Untätigkeit verurteilt sah, begann er sich zu der Offizierslaufbahn und der des höheren Beamten zu drängen und hat diese mit der Zeit durch fraglose Tüchtigkeit zu seiner fast ausschließlichen Domäne gemacht.

Dem Großen Kurfürsten freilich lag es noch durchaus fern, allein den adelig Geborenen für geeignet zur Offizierslaufbahn zu halten. Die Frage eines adligen Offizierkorps tritt noch nicht in die Erscheinung und der Kurfürst zeigte hier keinerlei einseitige Vorliebe. Ihm war jeder recht, welcher ihm in bezug auf Erziehung und Bildung die gewünschte Befähigung zum Offizier zu besitzen schien. Eine große Anzahl auch der höheren Offiziere war bürgerlich, wie auch von ihm besonders geschätzte Generale, ein Derfflinger und ein Henning.

Sehr erwünschten, brauchbaren Ersatz bildeten späterhin die mit Feder und Degen gleich gewandten Edelleute aus den Reihen der französischen Refugiés. Sie brachten gute Sitten und feine Lebensformen mit ins Land, Eigenschaften, die den brandenburgischen Landjunkern von damals durchweg nicht gerade anhafteten. So ist der Eintritt dieser Refugiés in das Offizierkorps für dieses nicht ohne Bedeutung gewesen.

Oben erwähnte ich schon, daß es dem Ersatz aus dem Landadel vielfach an Bildung fehlte und daß der Kurfürst dem abzuhelfen versucht habe. Die Bildungsanstalten, die er zu diesem Zwecke errichtete, waren die Ritterakademie zu Kolberg und die Kadettenschule zu Magdeburg.

Erstere wurde 1653 gegründet und diente zur Aufnahme von 60 Zöglingen, welche sich dem Kriegsdienst widmen wollten, sie war nach Art unserer Kadettenkorps organisiert. Die Erziehung war eine doppelte. Einerseits genossen die Zöglinge hier eine ausreichende wissenschaftliche Bildung, bei der Mathematik, französische Sprache und Musik die Hauptfächer bildeten, andererseits wurde ihnen eine körperliche Ausbildung in dem für ihren späteren Berufe nötigen Leibesübungen zu teil. Nebenher ging eine Heranziehung zu guten Sitten, zu Ehr- und Pflichtgefühl, sowie die Pflege des kameradschaftlichen Geistes.

Etwas anders verhält es sich mit der später errichteten Kadettenschule zu Magdeburg, in welcher ebenfalls junge Leute und zwar auf Kosten des Kurfürsten zu Offizieren herangebildet wurden. Diese Einrichtung könnte man mit der jetzigen Ausbildung der Fahnenjunker bei den Truppenteilen vergleichen. Die jungen Leute wurden den in Magdeburg in Garnison stehenden Truppenteilen zur Erziehung und Ausbildung überwiesen, während sie gleichzeitig den nötigen wissenschaftlichen Unterricht der Kadettenschule genossen. Man nannte diese Zöglinge „Kadetts".

Diese Einrichtungen sind vorbildlich bis in unsere Zeit hinein gewesen und haben eine hervorragende Bedeutung für die Erziehung und Bildung des Offizierkorps gehabt.

Wenn solchergestalt der Kurfürst für eine sachgemäße Heranbildung für den Offiziersberuf Vorsorge traf, so lenkte er auch sein Augenmerk auf die weitere Hebung der Bildung der Offiziere selbst und auf eine Erweiterung der Fachkenntnisse. Besonders befähigte junge Offiziere schickte er auf Reisen ins Ausland, vor allem nach Frankreich und Holland, die dazumal in bezug auf Bildung, wie auch besonders in der theoretischen und praktischen Ausbildung des Kriegswesens an der Spitze standen.

Es wird nicht ohne Interesse, besonders für die Beurteilung der sozialen Stellung der Offiziere sein, hier einiges über die Besoldung zu erfahren. Man kann wohl sagen, daß diese nach den damaligen Lebensbedingungen durchaus hinreichend war, um mit ihr ohne Zuhilfenahme eigener Mittel standesgemäß zu leben.

Die Besoldung bestand aus dem eigentlichen Gehalt oder Sold und dem Servis; sie stieg beispielsweise bei der Infanterie vom Fähnrich, welcher zu den Offizieren gehörte, mit etwa $15\frac{1}{2}$ Taler (Gehalt und Servis) monatlich bis zu 100 Talern beim Obersten. Diese Summen treten in das rechte Licht, wenn man sich vergegenwärtigt, daß $37\frac{1}{2}$ Taler etwa 490 ℳ unseres relativen Geldwertes entsprachen.

Es möge hier eine Gehaltsübersicht der monatlichen Bezüge der Offiziere eines Infanterie=Regiments folgen*):

Oberst	100 Taler	
Oberstleutnant . . .	45 „	
Obrist=Wachtmeister .	31 „	12 Groschen
Regts.=Quartiermeister	21 „	— „
Hauptmann . . .	43 „	— „
Leutnant	19 „	18 „
Fähnrich	15 „	12 „

---

*) Nach Stuhr „Kriegsverfassung zur Zeit Friedrich Wilhelms des Großen Kurfürsten."

Das Einkommen der Generäle war in Folge von Zulagen und Gnadengeschenken ein sehr beträchtliches, besonders das der Regiments-Inhaber, denen ja aus Bekleidungs- und Werbegeldern überdies meist große Überschüsse zuflossen.

Ein wenig sonderbar muten uns die Festsetzungen für den Fall der Verpflegung in natura an. Hier hat beispielsweise ein Oberst täglich 30 Pfund Brot, 30 Maß Bier und 20 Pfund Fleisch zu beanspruchen. Wenn zu jenen Zeiten auch sehr stark gegessen und getrunken wurde, so sind diese Summen doch nur verständlich, sobald man bedenkt, daß bei ihnen seine Dienerschaft und auch wohl Familie berücksichtigt war. Hingegen erhielt ein Leutnant nur 8 Pfund Brot, 8 Maß Bier und 6 Pfund Fleisch.

Bei der Beurteilung dieser verhältnismäßig hohen Gehälter muß man aber in Betracht ziehen, daß im Falle der Verabschiedung bei Dienstunfähigkeit oder aus anderen Gründen von der Gewährung einer Pension nicht die Rede war. Die Offiziere waren also, so zu sagen, darauf angewiesen, für ihr Alter etwas zurückzulegen.

Nur in vereinzelten Fällen und bei den geringen Mitteln des Staates in beschränktem Maße hat der Kurfürst bei Entlassung wegen Dienstunbrauchbarkeit ein Gnadengehalt gewährt. Über die Höhe solcher Pensionen unterrichtet uns ein Fall im Jahre 1659, wo er einem krankheitshalber verabschiedeten Oberst eine solche von 30 Talern jährlich gewährt.

Das tägliche Leben der Offiziere mit Ausnahme der vielen Kriegsjahre, mag wohl ein recht eintöniges und abwechselungsloses gewesen sein, zumal die Regimenter zum großen Teil auf dem Lande standen und erst in den letzten Regierungsjahren des Kurfürsten alle Truppen in die Städte gelegt wurden. Auf dem Lande lagen die Truppen ähnlich wie bei unsern Manövern, im Naturalquartier, so daß die Offiziere eigentlich nicht zu einer ständigen geordneten Häuslichkeit kamen.

Als die Truppen in die Städte verlegt wurden, hörte das Naturalquartier auf, die Offiziere mußten sich ihr Quartier sowie Stall selber mieten und sie wurden angewiesen, dies monatlich bar zu bezahlen. Damit jedoch die Offiziere nicht von ihren Wirten übervorteilt wurden, befahl der Kurfürst die Ortsbehörden, darauf Acht zu geben, daß letztere sie nicht übertenerten.

In Lebenshaltung, Genüssen und Vergnügungen jener Zeit herrschte grobe Sinnlichkeit und ausgesprochenster Materialismus. Man aß und trank im Übermaß, ergötzte sich am Spiel und plumpen Lustbarkeiten. Hierin haben die kurfürstlichen Offiziere keine Ausnahme von der Regel gebildet.

Was den Dienst betrifft, so bestand er im wesentlichen im Exerzieren und Wachtdienst. Die Leutnants hatten fast allein den Drill zu besorgen, da den Hauptleuten bei den umfangreichen Verwaltungsgeschäften der Kompagnie kaum Zeit hierzu blieb.

Die Uniform der Offiziere unterschied sich nur wenig von der der Mannschaften. Sie bestand gleichfalls aus einem bequemen, langen blauen Waffenrock, welcher mit Tressen besetzt war und fast bis zu den Knieen reichte, ferner aus Kniehosen und langen Strümpfen, die noch über die Hosen reichten und mit einem Riemen unter dem Knie festgehalten wurden. Unter dem Waffenrock trug man ein Lederkoller und den Kopf bedeckte ein breitrandiger Filzhut, dessen Krempe an den Seiten hochgeschlagen war. Der Rock der Offiziere war im Gegensatz zu dem der Mannschaften aus feinem Tuch und als Abzeichen diente eine silberne Leibschärpe sowie Ringkragen mit dem brandenburgischen Wappen. Den Degen trug man an einem breiten Bandolier über der Schulter, außerdem führte der Offizier in der Front noch die Pike.

Betrachten wir zu Ende der Regierungszeit Friedrich Wilhelms das Offizierkorps, so können wir seinem Werke nur die uneingeschränkteste Bewunderung zollen; dasselbe war bei weitem „einheitlicher, pflichtbewußter und fügsamer" geworden, als die kühnsten Hoffnungen hatten erwarten lassen, und „der Begriff der preußischen Offizierehre" begann sich zu entwickeln.

Hier sei es nochmals betont, den Grundstein zum preußischen Offizier, wie er als Inbegriff von Treue, Pflichtgefühl und Ehre sich einen Namen in der Welt gemacht hat, hat in allen wesentlichen Punkten Friedrich Wilhelm, der Große Kurfürst, gelegt.

Den Weg, den Friedrich Wilhelm gewiesen hatte zur Nationalisierung des Offizierkorps wurde unter Friedrich I. konsequent weiter verfolgt. Die Verwirklichung dieses Gedankens war jetzt ja auch schon bedeutend leichter, indem nach Absterben derjenigen Elemente, die nicht dem Grundprinzip für das Offizierkorps entsprachen, der Nachwuchs einheitlicher gestaltet und möglichst aus dem eigenen Lande gezogen werden konnte.

Friedrich I. errichtete zwei neue Kadetten-Akademien zu Berlin und Magdeburg; so wurde die Zahl der eigens für den Offiziersstand erzogenen Landeskinder immer größer, man brauchte sich nicht mehr in dem Maße nach ausländischen Offizieren zur Komplettierung des Heeres umzusehen.

Dies wurde ja auch mehr und mehr eine Naturnotwendigkeit für das Heer, das unter dem ersten König bereits in Rekrutierung und Unterhaltung auf feste Grundlagen gestellt wurde. Es wurde nämlich eine sogenannte „Landmiliz" begründet und damit versucht, die Wehrkraft des Landes zu organisieren; gleichzeitig sollte sich das stehende Heer aus der Miliz ergänzen. Der Anfang mit dem Kantonnementssystem Friedrich Wilhelms I. war damit gemacht, wenn auch Ersatzbezirke für die Regimenter noch nicht bestimmt wurden. Schon 1693 wurde das „Intrims-Reglement und -Verfassung, wie es mit der Rekrutierung der Regimenter sowohl zu Pferde als zu Fuß gehalten werden soll", herausgegeben.

Außer den Kadetten auf den Kadetten-Akademien gab es auch, wie schon unter dem Großen Kurfürsten, die Regiments-Kadetten, die bei den Regimentern für den Offiziersberuf ausgebildet wurden.

Bei Anstellung der Offiziere fand auch jetzt noch keine grundsätzliche Bevorzugung des Adels statt, wenn auch wohl, jemehr sich der angesessene Adel dem Heeres- und Verwaltungsdienst widmete, dieses Element stärker in der Armee hervortrat. Vielmehr erklärte der König 1704 den Offizieren seiner Garde, daß die bürgerlichen Offiziere denen vom Adel im Avancement durchaus gleichgeachtet werden sollten. Ein aristokratischer Zug lag jedoch schon in Errichtung zahlreicher Gardetruppen, die ja allerdings auch mit der Prunkliebe Friedrichs I. zusammenhing. Die Offiziere dieser Truppen, wohl fast ausschließlich Adelige, hatten den Vorrang vor den Offizieren gleichen Dienstgrads in der Linie.

Die Ernennungen und Beförderungen erfolgten ausschließlich durch den Kurfürsten und späteren König; es wurde ferner unter ihm eine einheitliche Regelung des Dienstalters aller Chargen eingeführt.

Auch die Versorgung der wegen Dienstunbrauchbarkeit ausgeschiedenen Offiziere brachte er durch die Begründung der Invalidenkasse einen Schritt weiter. An Gnadengehältern sind beispielsweise 1712 gezahlt worden und zwar monatlich: „an 6 Generale je 80—132 Taler, an 9 Obersten je 50—80 Taler, an 3 Oberstleutnants je 25—30 Taler, an 11 Kapitäns je 3—17 Taler."

Auf diese Pensionen stand jedoch dem invaliden Offizier nicht etwa ein gesetzliches Recht zu, sondern es waren eben, wie ja schon der Name sagte, Gnadenbeweise des Landesherrn. Die oben angeführten Gnadengehälter waren für jene Zeit, wenigstens für die höheren Chargen hoch zu nennen und entsprachen der freigiebigen Art des Königs. Sein sparsamer Nachfolger setzte sie, wie wir sehen werden, wesentlich herab.

Aber nicht nur für die Offiziere selbst, sondern auch für die Witwen*) und Hinterbliebenen gefallener und verdienter Offiziere sorgte der König durch Gnadenzuwendungen verschiedener Art.

In dem Offizierkorps der Miliz kann man einen Vorläufer des Reserve- und Landwehr-Offizierkorps sehen, wenn auch ihre Existenz nur eine kurze war und bald der Anschauung weichen mußte, daß nur ein regelrecht geschultes und gedrilltes Heer aus Berufssoldaten den Anforderungen des damaligen Krieges gewachsen sei.

Die Offiziere dieser Landmiliz wurden aus den bürgerlichen Berufsklassen genommen, aber nicht gewählt, sondern von den Ortsbehörden ernannt.

Der Uniformrock der Offiziere blieb blau, hinzu kamen die roten Aufschläge, eine Zusammenstellung, die sich für die Infanterie bis auf den heutigen Tag erhalten hat.

Friedrich I. hat keine im Wesen neue Einrichtungen im Offizierkorps geschaffen, sein Verdienst liegt in der Erhaltung der neu geschaffenen Organisation. Es war schon viel getan, wenn die genialen Grundgedanken des Großen Kurfürsten nicht durch ihren Geist widersprechende Neuerungen in der Fortentwickelung gestört wurden.

---

*) Nach v. Schmidt „Der Werdegang des preuß. Heeres".

2. Kapitel.
Das friederizianische Offizierkorps.

Ganz anders steht es mit seinem von der früheren Geschichtsforschung völlig verkannten Nachfolger. Friedrich Wilhelm ist derjenige, dessen erfolgreiche Erziehung zu Pflicht und Ehre im Offizierkorps heute noch fortwirkt. Derjenige, der ihm die Stellung im Staate gegeben hat, die es noch jetzt besitzt.

Als Motto könnte seiner Tätigkeit das Wort dienen, das er einst zum alten Dessauer sprach: „Meine Offiziere dienen nur der Ehre wegen." Aus einer von krassestem Eigennutz bewegten Zeit leuchtet uns dieses Wort mit Flammenschrift entgegen und das ist das Große, daß diese Auffassung Wiederhall zunächst und vor allem in den Herzen des preußischen Adels fand. Hierin wieder liegt die moralische Berechtigung des fortan lange Zeit hindurch so gut wie ausschließlich abligen Offizierkorps, auf dessen Hervortreten ich nachher zurückkomme.

Ebenso, wie er es in der Staatsverwaltung tat, ist Friedrich Wilhelm I. derjenige, der das eiserne, unerbittliche, unerschütterliche Pflichtgefühl, um mich seiner Ausdrucksweise zu bedienen, wie ein rocher de bronze im Offizierkorps stabilierte. Dies Pflichtgefühl ist einer der Hauptfaktoren, die Preußens Größe und mit in erster Linie den einzigen Ruf von Preußens Heer und Offizierkorps begründet haben. Seit dieser Zeit steht die einfache Versicherung des Offiziers „auf Pflichten und Gewissen" den heiligsten Beteuerungen gleich, man ist überzeugt, daß ein so erzogenes Offizierkorps Ehre und Pflicht als höchstes Gut schätzt und anerkennt.

Dieselben Grundprinzipien, die schon der große Kurfürst für den Ersatz des Offizierkorps aufgestellt hatte, blieben bestehen; neu kommt hinzu die fast ausschließliche Ergänzung desselben aus dem Adel. Schärfer wie früher tritt hierin der Grundsatz hervor, der Offizier müsse sich nicht nur durch seinen Dienstgrad, sondern auch durch seine soziale Stellung von Unteroffizier und Mann abheben. Also ein weiterer Schritt auf dem Wege zur Bildung eines Offizierkorps, welches den festen inneren Halt des Heeres bilden konnte, indem mit dem Übergewicht der Offiziere durch Bildung und besonders durch soziale Stellung die unbedingte Autorität dieses Standes fest begründet wurde.

Wenn wir uns in die Anschauungen jener Zeit versetzen, kann es uns nicht Wunder nehmen, daß der König allein den Adel für befähigt hielt, diesen Bedingungen zu entsprechen. Damals, wo noch von einer sozialen Gleichheit aller Menschen nicht die Rede war, zollte man dem Edelmann schon infolge von Geburt und Herkunft eine außerordentliche Achtung und so stand er hoch, durch eine unüberbrückbare Kluft von dem Soldaten getrennt, über diesem; seine Autorität stand auch ohne persönliche Eigenschaften fest. Den Bürgerlichen, auch den Gebildeten, hätte der Soldat hingegen stets als seines gleichen betrachtet. Ferner glaubte der König dasjenige Ehrgefühl, das er von den Offizieren verlangte, nur bei dem Edelmann zu finden und damit wird er im allgemeinen Recht gehabt haben.

Über diesen Punkt sei hier ein Urteil eines so scharfen Beobachters seiner Zeit, wie es Friedrich der Große war, hingestellt. Er sagt in seinen Memoiren: „Es ist nötiger, als man glaubt, die Aufmerksamkeit auf die Wahl der Offiziere zu wenden, weil der Adel gewöhnlich Ehre hat. Man kann indes nicht leugnen, daß man bisweilen auch bei Leuten ohne

Geburt Verdienst und Talent findet; aber das ist selten und in diesem Falle tut man gut, sie zu behalten. Aber im allgemeinen bleibt dem Adel keine andere Zuflucht, als sich durch den Degen auszuzeichnen. Verliert er seine Ehre, so findet er selbst im väterlichen Hause keine Zuflucht, statt daß ein roturier, wenn er Gemeinheiten begangen, ohne Erröten das Gewerbe seines Vaters wieder ergreift und sich dabei nicht weiter entehrt glaubt."

Friedrich Wilhelm begnügte sich jedoch nicht damit, diese Grundsätze bei den neu erfolgenden Offiziers-Ernennungen durchzuführen, sondern er reinigte auch das Offizierkorps rücksichtslos von den Elementen, die nicht diesem Begriff von Pflicht und Ehre entsprachen. Friedrich der Große sagt hierüber — und sein Ausspruch charakterisiert klar den großen Fortschritt den sein Vater ins Leben gerufen hat —: „Man schaffte bei den Regimentern die Offiziere fort, deren Aufführung oder Herkommen sich für die ehrenvolle Laufbahn, in welcher sie vorwärts kommen sollten, nicht schickte, und seit dieser Zeit litten die Offiziere nur untadelhafte Kameraden unter sich."

Auch Friedrich Wilhelm richtete sein Augenmerk für den Offizierersatz vor allem auf die Kadettenschulen. Er vereinte die bisher den Bataillonen in Kolberg und Magdeburg angegliederte Kadettenabteilungen in Berlin, wo zunächst aus den Kolbergern 1718 eine Kadetten-Kompagnie von 110 Köpfen gebildet wurde, zu der dann noch 1719 die Magdeburger Kadetten traten. Der König verpflichtete ferner seine Generale, einige Pagen zu halten, für deren Heranbildung zum Offizier sie Sorge zu tragen hatten, eine Einrichtung, die übrigens auch schon unter dem großen Kurfürsten bestanden hatte. Die Ausbildung dieser jungen Leute überwachte der König persönlich.

Daß die Ernennungen und Beförderungen unter Friedrich Wilhelm lediglich und sogar noch in erhöhtem Maße vom

König abhingen bedarf wohl kaum der besonderen Erwähnung. Der König ging aber hierin noch einen bedeutenden Schritt weiter, indem er, um ständig über das gesamte Offizierkorps unterrichtet zu sein, die sogenannten Konduitenlisten einführte. Sie sollten ihm als Grundlage für die Beförderungen dienen und sind die Vorläufer unserer Qualifikations=Berichte. Erst diese Einrichtung machte es möglich, von der einen Stelle aus bei einem großen Offizierkorps das Ernennungs= und Beförderungswesen einheitlich zu leiten. Diese Neuerung ist durch das Reglement von 1726 geschaffen worden. Die Listen waren zum 1. Januar jeden Jahres von den Regiments= Kommandeuren an den König einzureichen, und es sollte daraus hervorgehen, ob „ein Offizier ein Säufer ist", dann „ob er guten Verstand und einen offenen Kopf hat, oder ob er dumm ist". Die besondere Hervorhebung des zuerst ge= nannten Punktes ist sehr bezeichnend für jene Zeit und ihre Sitten.

Das Avancement selber hat unter der hauptsächlich fried= lichen Regierung des Königs sehr gelitten und die Offiziere waren alt für ihre Stellung. Beispielsweise dienten zu Ende der Regierung Friedrich Wilhelms im Regiment „Kronprinz" der Oberstleutnant 42 Jahre, der drittälteste Major 35 Jahre, der zweitälteste Kapitän 31 Jahre, der jüngste Stabskapitän 23, der dritte Sekondelieutenant 22 Jahre und der viertälteste Fähnrich 13 Jahre. Es lag dies auch mit daran, daß man Verabschiedung von Offizieren, die auch nur einigermaßen noch dienstfähig waren, so gut wie garnicht kannte.

Wir finden aber noch oft, so auch unter Friedrich dem Großen, trotz aller Kriege, ein verhältnismäßig altes Offizierkorps.

Bei dem erheblichen Dienstalter, vor allen der unteren Chargen, muß man sich nun aber vor Augen halten, wie gering der Sold war, um den die Offiziere bis in das reife Mannesalter hinein und vielleicht auch darüber hinaus dienten.

Erst dann wird einem das Wort „der Ehre wegen dienen" recht klar und man muß dem Idealismus dieser Offiziere die höchste Achtung zollen.

Der Leutnant erhielt nach Abzug der bereits eingeführten Kleidergelder monatlich 6 Taler 6 Groschen und 5 Pfennige und dabei werden wohl die Väter der wenigsten, dieser meist aus dem nicht sehr begüterten Adel stammenden Leutnants, ihnen haben einen Zuschuß gewähren können.

Wesentlich besser waren auch unter dem sparsamen Friedrich Wilhelm die Kapitäns, sobald sie eine Kompagnie hatten, gestellt. Der Kapitän erhielt monatlich 46 Taler 28 Groschen 2 Pfennige, wovon er allerdings einige Kompagnie-Unkosten, wie das Instandhalten der Waffen — bei den damaligen Waffen wohl keine zu kostspielige Sache — bestreiten mußte. Dagegen erwuchsen ihm aus dem Urlaubersystem, welches immer größere Ausdehnung gewonnen hatte, das aber der König stillschweigend duldete, solange die Kriegstüchtigkeit darunter nicht litt, erhebliche Einnahmen. Es war dies ursprünglich eine Art Ernteurlaubersystem, welches bei der geringen Bevölkerungszahl und je mehr der Ersatz durch Werbungen im eigenen Lande erfolgte, eine gewisse Berechtigung hatte. Die Leute, namentlich die den Gütern der Familie des Kapitäns entstammenden, wurden außer der Exerzierzeit auf das Land zur Arbeit geschickt. Bald wurde es aber auf andere als die eigenen Gutsuntertanen ausgedehnt, und diese Leute fanden bei der nutzbringenden Arbeit in Stadt und Land während der exerzierfreien Zeit mehr Verdienst als in dem kargen Sold. So war beiden Teilen geholfen, der Kompagnie-Chef strich Sold und Vergütung für Montierung der Leute ein, und diese waren williger zu dem im allgemeinen wenig beliebten Militärdienst, wenn sie eine Zeitlang den Rock des Königs abstreifen und noch dazu sich etwas verdienen konnten.

Wenn auch die Kapitäns diese Überschüsse zum Teil zur Anwerbung schöner und daher kostspieliger Leute, eine Vorliebe des Königs, verwandten, und wenn auch dem Staat keine Mehrkosten entstanden, so hat doch dies System, wie sich denken läßt, in der Folge nicht günstig auf die Moral des Offizierkorps gewirkt und schließlich manche Auswüchse gezeitigt.

Von den Eskadron=Chefs bei den Reiterregimentern schon unter Friedrich Wilhelm I. sagte später Friedrich der Große: „Diese braven Offiziere waren Ökonomen, die ihre Kompagnien als Landgüter ansahen, die sie auf den möglichst größten Nutzwert zu bringen trachteten."

Dem überaus sparsamen Sinn des Königs entsprach es wiederum, daß er die verhältnismäßig hohen Gnadengehälter, die unter seinem Vater bei Pensionierung gezahlt wurden, wesentlich herabsetzte. Wie schon erwähnt, erhielt beispielsweise ein Oberstleutnant unter Friedrich I monatlich 25—30 Taler. Friedrich Wilhelm setzte sie auf 10—18 Taler herab. Hingegen ist es ein Zeichen seines, bei aller Strenge und zuweilen sogar Härte, doch ausgeprägten Gerechtigkeitsgefühls, daß er die schon ohnehin geringen Gnadengehälter der mittleren und unteren Chargen nicht wesentlich herabsetzte. Die Höchstpension der Kapitäns wurde nur um etwa 5 Taler monatlich verringert, der niedrigste Satz stieg sogar um 1 Taler. Die Leutnants bekamen durchschnittlich 6 Taler monatlich.

Die Gnadengehälter der Obersten und Generale beschnitt der König am wesentlichsten, denn während sie unter seinem Vater etwa zwischen 700 und 1600 Taler jährlich geschwankt hatten, betrugen sie jetzt nur noch 500—1000 Taler, immerhin für die Betroffenen eine große Härte, besonders wenn man bedenkt, wie freigiebig man zu jener Zeit in den meisten anderen Staaten, auf Kosten der Untertanen, mit Gnadengehältern und Pensionen, an Würdige und noch mehr an Unwürdige war.

Allerdings hat der König invalide Offiziere auch noch auf andere Weise in Zivilstellen als Amtleute usw. versorgt, ferner eine ganze Reihe von militärischen Stellungen wie Festungs-Kommandanturen, Stadt-Kommandanturen usw. mit solchen Offizieren besetzt. Auch hierin ist er späteren Zeiten vorbildlich vorangegangen. Die Sitte, bei Verabschiedungen Charaktererhöhungen eintreten zu lassen, ist ebenfalls auf Friedrich Wilhelm zurückzuführen.

Im allgemeinen dienten die Offiziere so lange es irgend ging, denn der sparsame und von einem eisernen Pflichtgefühl erfüllte König nahm Abschiedsgesuche im allgemeinen höchst ungnädig auf.

Wenn auch von einer regelmäßigen Witwenversorgung keine Rede war, so gewährte Friedrich Wilhelm doch im Falle der Not ganz ausreichende Pensionen und es kommen solche bis zu 500 Taler vor.

Für die wissenschaftliche Weiterbildung seiner Offiziere hat der König nichts besonderes getan, wie ja sein nur auf das Praktische gerichteter Sinn alle Wissenschaften mehr für eine unnötige Spielerei hielt. Dagegen hielt er viel darauf, daß sie die Dienstvorschriften genau und sozusagen wörtlich kannten. Es heißt hierüber in einer Ordre: „Die Offiziere sollen eifrig im Reglement lesen und alles tun, was ich haben will." Außerordentlich humoristisch wirkt für uns auch folgende Ordre über dasselbe Thema: „Weiß ein Offizier seine Sache nicht, so sollt ihr ihn das Reglement in Gegenwart eines Stabsoffiziers in drei oder vier Tagen laut durchlesen lassen." Man weiß nicht, wen man mehr bei dieser Strafbeschäftigung bedauern soll, den zuhörenden Stabsoffizier oder den lesenden Leutnant; glänzend wird beider Stimmung nicht gewesen sein, namentlich, da die Vorlesekünste sehr vieler Leutnants jener Zeit wohl nicht ganz auf der Höhe gestanden haben werden.

Mit wenigen Ausnahmen war wohl die Bildung und der Bildungstrieb der Offiziere ein sehr geringer, denn ihre

Vorbildung beschränkte sich im allgemeinen auf elementare Fächer und dann übertrugen sich natürlich des Königs Anschauungen in dieser Beziehung unwillkürlich auf das mit ihm eng verknüpfte Offizierskorps. Man begann vielmehr mit einer gewissen Verachtung auf die Federfuchser, auf alles, was Wissenschaft und Gelehrsamkeit hieß, herabzublicken. Ganz unbegründet war ja diese Verachtung nicht, wenn man sich die pedantischen gelehrten Stubenhocker jener Tage vor Augen führt. Mit dieser Abneigung gegen das Wissen hat Friedrich der Große, der die Notwendigkeit der allgemeinen und militärischen Bildung für den Offizier gleich dem großen Kurfürsten klar erkannte, viel zu kämpfen gehabt und hat sie doch nicht ganz ausrotten können.

Ganz anders hat es Friedrich Wilhelm verstanden, Sitten, Ehrbegriffe und Standesanschauungen seiner Offiziere weiterzubilden und hierin hat er mustergültiges und bleibendes geschaffen. Von seinem Einfluß auf unsere Auffassung der Pflicht habe ich schon oben gesprochen, ebenso fundamental sind diejenigen von der Offiziersehre. Seine Einwirkung in allen diesen Dingen ist aber eine so unmittelbare und nachhaltige gewesen, weil der König sich sozusagen mit seinen Offizieren auf eine Stufe stellte und sich als ihr erster Kamerad betrachtete. Äußerlich dokumentierte er dies dadurch, daß er sich stets in Uniform zeigte, was seit ihm dann alle Hohenzollernherrscher getan haben. Jeder Prinz mußte als Leutnant in die Armee treten und auch den Gamaschendienst bis in seine langweiligsten Details kennen lernen. Welch' Gegensatz zu den Gepflogenheiten anderer zeitgenössischer Höfe, wo der Prinz sozusagen als General auf die Welt kam und auch die Angehörigen des hohen Adels gleich mit hohen Stellungen ihre Laufbahn begannen.

General v. Schmidt sagt in seinem „Werdegang des preußischen Heeres": „Seit Friedrich Wilhelm I. ist das preußische Offizierkorps gewohnt, in seinem König seinen vornehmsten Kameraden zu ehren" und hierin liegt, wie ich nochmals betone, der ungeheure Einfluß, den die Herrscher persönlich auf das Offizierkorps und damit auf das Heer ausgeübt haben und das feste persönliche Band zwischen ihm und dem Königstron.

Für Friedrich Wilhelms Auffassung der Offiziersehre setzte ich nachstehende grundlegende Ordre an die Spitze; sie kennzeichnet diese am deutlichsten und es heißt da: „Wenn ein Stabsoffizier gegen einen Offizier nichtgeziemende expressions sich gebrauchen möchte, so wollen Se. Majestät zwar solches nicht approbieren; aber der Offizier muß dennoch, wenn es im Gewehr geschieht und im Eifer vom Dienst geschehen ist, auf frischer Tat sich nicht offendirt finden; sondern der Offizier muß, solange er nicht an seiner Ehre angegriffen ist, sich nicht verantworten; hiernach aber kann er bei dem commandierenden Offizier sich melden und darauf sich beschweren".

Also der König verlangt die Wahrung der Ehre unter allen Umständen, ja er geht so weit, das Ehrgefühl in den krassesten tätlichen Beleidigungsfällen über die Disziplin zu setzen, eine Anschauung, die schon unter Friedrich dem Großen und wohl zum Segen der Armee, beseitigt wurde, da sie sehr nachteilige Folgen gehabt hatte. Abgesehen hiervon stellt die Ordre des Königs aber auch heute noch ganz und voll unsere Auffassung dar, denn der Offizier darf bei strengster Wahrung der Disziplin doch keine Beleidigung, auch von seiten eines Vorgesetzten, auf sich beruhen lassen.

Die Wahrung der Ehre in ernsten Fällen durch den Zweikampf ist dem König etwas Selbstverständliches, und er spricht sich darüber in folgendem klar und deutlich aus: „Wenn ein Offizier eine lacheté begeht oder auf sich sitzen läßt und nicht ein braver Kerl ist, alsdann der Oberst solches melden soll und Sr. Majestät wollen einen solchen Offizier kassieren; dieserwegen das Duelledikt nicht aufgehoben werden soll." Wenn er auch die strengen Duellverbote nicht gänzlich aufhebt, so gibt er ihnen doch eine außerordentlich milde Auslegung. Er bestimmt, daß bei „unvermeidlichen rencontres der Verbrecher nicht als ein Duellant" bestraft werde, nur „wenn eine Entleibung geschieht" soll nach dem gemeinen Recht gegen ihn verfahren werden. Allein die leichtfertig vom Zaun gebrochenen Zweikämpfe verurteilt der König. So heißt es in einer Ordre von 1713 „Vermessentliche duella sind verwerflich, wenn nicht Notwehr vorliegt".

Das Gefühl der Notwendigkeit des Duells als Mittel, die angegriffene Ehre wiederherzustellen, war bei Friedrich Wilhelm so ausgesprochen, daß er gelegentlich gewechselter Schimpfworte zwischen ihm und dem Major von Jürgaß im Tabakskollegium sich durchaus mit diesem schlagen wollte und nur mit Mühe von solchem Gedanken abzubringen war. Gleichzeitig zeigt uns dieser Vorfall aber auch wiederum, wie sich der König mit seinem Offizierkorps auf gleichen Fuß stellt, wie er im Verkehr und im Punkt der Ehre ihm gegenüber ganz den Souverän bei Seite läßt.

Aber nicht nur auf Ehr- und Pflichtgefühl erstreckt sich die persönliche Erziehung des Offizierkorps durch Friedrich Wilhelm, sondern auch auf Sitten, Verkehr und Kameradschaft.

Wenn auch das Offizierkorps dadurch, daß das bürgerliche Element und alles, was inbezug auf den Punkt Ehre nicht auf der Höhe stand, ausgeschaltet worden war, einheitlicher in seiner Zusammensetzung wurde, so scheint doch das Gefühl der Kameradschaft und unbedingten Zusammengehörigkeit noch nicht überall Eingang gefunden zu haben. Der König fühlte sich daher berufen, hier Wandel zu schaffen, indem er ein mangelndes kameradschaftliches Gefühl als für Dienst und Disziplin äußerst schädlich erkannte. Er sagt in einer Ordre: „Es haben Sr. Majestät höchst mißfällig vernommen, wie bei einigen Regimentern keine rechte

Harmonie ist und daraus Factions entstehen; solches aber schnurgerade wider die Subordination läuft und Sr. Majestät Dienst darunter leidet".

Das nur aus der obersten Gesellschaftsklasse sich rekrutierende Offizierkorps wurde fortan eine privilegierte Klasse, die gesellschaftlich nach dem Willen des Königs die erste Stelle im Staat einnahm. So mußte aber auch ihr Verhalten dem Ansehen dieser Stellung in jeder Hinsicht entsprechen, und dem dienen zahlreiche Verordnungen über die Lebenshaltung der Offiziere.

Es seien hier einige Ordres an die Regiments=Chefs angeführt, die auf ein, wenn auch standesgemäßes, doch solides und den pekuniären Verhältnissen entsprechendes Leben der Offiziere hinweisen.

„Hiernächst sehe ich es zwar gerne, wenn die Offiziere gut leben; aber es ist mir sehr zuwider, wenn die Offiziers dabei nicht mit ihrem Beutel Rechnung machen und durch den Luxum mehr depensieren, als sie einzunehmen haben und bezahlen können. Ich will demnach, daß die Offiziers, wenn sie beisammen kommen, nicht, wie bei einzelnen Regimentern Gebrauch, viel Gerichte und Wein prätendieren, sondern mit einander hauswirtschaftlich vorliebnehmen sollen; und muß es vor keinen Schimpf gerechnet werden, wenn ein Offizier dem anderen ein Glas Bier vorsetzt. Ihr habt also darauf Acht zu geben, daß diesem Meinem Willen nachgelebt und eine gute Ökonomie bei denen Offiziers geführt werde".

Eine andere spricht sich äußerst scharf und bestimmt über das Schuldenmachen aus: „Kein Offizier darf über 8 Taler Schulden werth machen; — sonsten muß er auf die Haupt= wache in Arrest sitzen und dabei Dienst tun bis die Schulden bezahlt sind."

Der Verhinderung des Spiels dienen andere persönliche Willensäußerungen des Königs.

Diese Anordnungen gingen wohl in erster Linie aus dem durch und durch haushälterischen und sparsamen Sinn des Königs hervor, der Solidität und Einfachheit bei allen Ständen als die Grundlagen eines wohlgeordneten Staatswesens ansah; dann erkannte er aber auch, in wie hohem Maße drückende Schulden Ehrgefühl und Moral der Offiziere gefährden, das Ansehen des Standes schädigen und endlich auch die Dienstfreudigkeit der Betreffenden beeinflussen.

Spiel und Übermaß im Essen und Trinken blieben nach wie vor Grundübel der Zeit und der Offizier, dessen Leben sich in Friedenszeiten recht monoton zwischen Exerzierplatz und Wachtstube abspielte, verfiel besonders leicht diesen Lastern zumal ihn der Dienst bei weitem nicht in dem Maße in Anspruch nahm, wie etwa heutzutage. Vorzüglich waren es die Wachtstuben, in denen man, da das 18. Jahrhundert noch keine Offizierspeiseanstalten kannte, zum Spiel zur Gesellschaft des wachhabenden Kameraden zusammen kam.

Dafür, wie man vor allem zu Anfang des 18. Jahrhunderts den Genüssen der Tafel fröhndete, hier nur ein Beispiel. Lady Montague, die 1716 eine Reise durch Deutschland machte, erzählt, daß man in vornehmen Wiener Kreisen bei Gastereien 50 Gänge und 18 verschiedene Weinsorten auftragen ließ. Dies charakterisiert aber den durchaus materiellen Zug der Zeit, denn überall in Deutschland wurde auch gerade im Bürgerstande und sogar in den niederen Volksschichten bei jeder feierlichen Gelegenheit für unsere Begriffe geradezu unmäßig viel gegessen und getrunken.

Friedrich Wilhelm hatte daher wohl Grund, die Offiziere zur Einfachheit bei geselligen kameradschaftlichen Vereinigungen zu ermahnen.

Entschieden nachteilig für die Lebenshaltung der Offiziere war das, wenn auch nicht direkt als unumstößlicher Grundsatz für die Offiziere aufgestellte, jedoch in der Praxis in großem Umfang durchgeführte Cölibat sowohl unter Friedrich

Wilhelm I. als auch unter Friedrich dem Großen. Es fehlte daher an dem für die äußeren Formen und den moralischen Halt so außerordentlich bildenden Einfluß der gleichgestellten Frau, der einem Sichgehenlassen und einem rohen Ton im Verkehr entgegenwirkt. Besonders wird sich dies in den vielen kleinen Garnisonen, die wenig oder gar keine Gelegenheit zu einem standesgemäßen Verkehr boten und bei dem überaus eintönigen Leben geltend gemacht haben.

Friedrich Wilhelm und sein Nachfolger waren aber ausgesprochene Gegner der Offiziersheiraten und gaben nur in Ausnahmefällen ihre Genehmigung zu einer solchen. Ein Offizier bedurfte bereits unter dem ersteren des königlichen Konsonses zu seiner Verheiratuug, wie dies heute noch der Fall ist.

Friedrich Wilhelm spricht sich über dieses Thema folgendermaßen aus: „Wenn ein Stabsoffizier oder Kapitain, welcher eine Kompagnie hat, heyrathen will, soll er an Sr. Majestät um Permission schreiben. Sr. Majestät wollen, wenn die Partie convenable ist und der Offizier sich durch solche Heyrath helfen kann, solches zwar nicht abschlagen; jedennoch Sr. Majestät es lieber sehen werden, wenn ein Offizier unverheyrathet bleiben will." Nur von den älteren Offizieren ist hier die Rede, die sich bei dem schon erwähnten langsamen Avancement doch schon im vorgeschrittenen Lebensalter befanden und daher wohl auch nicht allzuhäufig von dieser Erlaubnis Gebrauch gemacht haben werden.

Der hohen sozialen Stellung, die Friedrich Wilhelm dem Offizier gegeben hatte und den Pretentionen der adligen Geburt gemäß entsprang bei ihm nicht nur das rege, stets wache Ehrgefühl, sondern auch ein äußerst kräftiges Selbstbewußtsein, das sich nicht selten den Vorgesetzten gegenüber unliebsam bemerkbar machte. Wir sehen dies unter anderem aus einer Ordre des Königs, in der es heißt: „Die Capitains sollen sich besseren Respekt bei ihren Subaltern-Offiziers schaffen. — Wenn ein Offizier sich untersteht, den Capitain, der etwas befiehlt, zur Rede zu setzen, so soll der Capitain den Offizier sogleich in Arrest schicken und dem Kommandeur Meldung machen."

War auch die Handhabung des Dienstes hart und streng und ließ auch der König manchmal in seiner Heftigkeit bei Inspizierungen den Offizieren eine unwürdige Behandlung zu teil werden, so hat er doch Sorge getragen, daß dem Offizier ein berechtigtes Selbstbewußtsein, das „berechtigte Standesbewußtsein" wie es in unseren Vorschriften heißt, gewahrt bleibe. Am deutlichsten geht solches ja aus der oben erwähnten Ordre hervor, die von der Wahrung der Ehre unter allen Umständen, auch dem Vorgesetzten gegenüber, handelt. Dies ist ebenfalls eines der großen Güter, welche seit dieser Zeit · dem Offizierkorps bewahrt geblieben sind und das wesentlich mit zur Begründung seines Ansehens beigetragen und als Ansporn zu seinen großen Leistungen in Krieg und Frieden gedient hat.

Die bevorzugte Stellung stieg so manchem dieser im Herzen recht roh und ungebildet gebliebenen Junker zu Kopfe. Ein bramabarsierender, polternder Ton und ein grenzenloser Hochmut gegenüber allem, was nicht Offizier war, war die Folge. Sogar gegen die Zivilbehörden nahmen sich die Offiziere alles heraus. Der König sieht sich daher genötigt, mit energischen Verboten dagegen einzuschreiten und in einem solchen wird erwähnt, daß Offiziere bei ihren unbilligen Forderungen sogar Beamte mit Prügel und „dergleichen üblem Tractament bedroht" hätten.

Bei allem Ehrgefühl und strenger Pflichtauffassung liebenswerte Leute waren die Offiziere Friedrich Wilhelms nicht. Das Poltern und eine gänzliche Nichtachtung alles dessen, was mit idealer Lebensauffassung zusammenhing, war bei der Masse zur Manie geworden, es gehörte zu den Standesanschauungen. Wo hätten sie aber auch in dieser erschrecklich nüchternen Zeit die Ideale hernehmen, wo in dem engbegrenzten Einerlei des nur auf Drill gerichteten Dienstes den Schwung der Seele finden sollen, der sie zu höheren Auffassungen befähigte? Sicherlich hat diese nur auf das nächstliegende praktische gerichtete Sinnesart, dieses mechanische, aber nie versagende heute wie morgen, sein Großes gehabt und gute Früchte getragen, aber diese Einseitigkeit hat doch zu nachhaltig gewirkt, ein zu großes Beharrungsvermögen im Offizierkorps besessen. Selbst das Genie eines Friedrich war nicht in der Lage, diesen Geist völlig zu bannen und sein Fortwirken hat in kriegerischen Zeiten, wo selbständiges Handeln zur heiligen Pflicht wurde, so manchen schwerwiegenden Fehler verschuldet. Sagte doch Friedrich sogar von denen, die die höchsten Stellungen in seines Vaters Heer einnahmen, „unter den Generalen gab es mehr brave als befähigte Männer."

Die Handhabung des Dienstes bis zum äußersten pedantisch, hatte doch, wie schon gesagt, ihr großes, und die liebevolle Pflege des Details in Kleidung, Haltung und Exerzitien, welche heute bei uns noch nachwirkt, ist ein Eckstein jener unvergleichlichen Disziplin unseres Heeres geworden.

Gefürchtet waren die häufigen Besichtigungen durch den König in Person, denn ihm entging nichts, sei es ein schlechter Griff oder auch nur ein schlecht geputzter Knopf. Und der König war von einer beneidenswerten Grobheit, von der wir uns heute kaum noch einen Begriff machen können. Bei den geringfügigsten Verstößen schrie er bisweilen dem Kommandeure das gefürchtete „Scheret Euch zum Teufel" zu und damit war der Betreffende kassiert. Der Anzug der Offiziere blieb im wesentlichen derselbe, einfach und schlicht, wie der der Mannschaften aus blauem Tuch; nur am Hut glänzte eine silberne Tresse statt der weißen von Unteroffizier und Mann, silberne Schärpe, Portepee und Ringkragen waren die übrigen Unterscheidungszeichen. Die einzelnen Grade der Offiziere unterschieden sich nicht durch sogenannte Gradabzeichen.

Treitschke nennt in seiner „Deutschen Geschichte im 19. Jahrhundert" Friedrich Wilhelm I. den „Schöpfer des Offizierstandes". Wenn auch dieses Urteil als solches nicht ohne weiteres anerkannt werden kann, indem es dem außerordentlichen Verdienste des Großen Kurfürsten um die Begründung des preußischen Offizierkorps nicht genügend Rechnung trägt, so entbehrt es doch nicht eines starken Kernes von Wahrheit. Zweifellos ist es erst dem eisernen Soldatenkönig gelungen, den Geist dem Offizierkorps einzuflößen, der sein bestes Erbteil bis heute ausmacht. Ohne den König, ohne seine ebenso rastlose wie energische Tätigkeit wären die in des Großen Kurfürsten Organisation des Offizierkorps liegenden Grundgedanken vielleicht niemals und wohl nie so schnell und nachhaltig verwirklicht worden.

Am wichtigsten für die Folge erscheint es, daß Friedrich Wilhelm das Offizierkorps qualitativ über die Mannschaft stellte, daß er eine scharfe Grenze zog zwischen dem Offizier einerseits und dem Unteroffizier und dem Mann andererseits. Diese Grenze ist seitdem nur im Kriege und dann auch nur in vereinzelten Fällen überschritten worden und sie hat die Autorität des Offiziers, auf der doch am letzten Ende die Disziplin einer Armee beruht, so fest begründet, wie in keiner anderen Armee vorher und nachher. Das ist des Soldatenkönigs eigenstes Verdienst, denn des Großen Kurfürsten Organisation hatte, trotzdem auch sie darauf hinzielte, dies nicht vermocht. Erst das adelige Offizierkorps konnte unter den damaligen Zeitverhältnissen solch' Ideal verwirklichen. Was auch heutzutage vielfach bei Angriffen auf den exklusiven Offizierersatz verkannt wird, nicht allein eine gewisse Bildung, sondern auch gute gesellschaftliche Erziehung von Haus aus geben dem Offizier das so notwendige Übergewicht; jene gute Erziehung fand man aber damals im wesentlichen nur beim Ade..

Wie es für Heer und Staatsverwaltung von großer historischer Bedeutung war, daß auf den Organisator Friedrich

Wilhelm der Mann der kriegerischen und politischen Tat, das allumfassende Genie Friedrich der Einzige folgte, so ist dies auch für die Entwickelung des Offizierkorps von eminenter Wichtigkeit gewesen. Er hat es davor bewahrt, daß es in einseitigem Formalismus verkümmerte, er hat ihm den Heldengeist, den echt preußischen Schneid eingeflößt.

Den friedlichen Zeiten Friedrich Wilhelms folgten die kriegerisch bewegten des großen Königs, der stillen Detailarbeit, dem eintönigen Leben für die Offiziere Tat, Arbeit, Aufregung und Abwechselung. So vorteilhaft dies für den kriegerischen Geist des Offizierkorps war, so sehr es den Nutzen der mühsamen Friedensarbeit erkennen und sie um so mehr schätzen lehren mußte, das lange unstäte Dasein, die fremden Elemente, die als Ersatz für die zahlreichen Verluste in das Offizierkorps eintraten, haben doch seinen durch den Soldatenkönig fest eingepflanzten Korpsgeist und seine Moral mannigfach erschüttert. Friedrichs fast übermäßig erscheinende Härte und Strenge nach dem siebenjährigen Krieg findet hierin oft ihre Erklärung.

Friedrich der Große hat keine wesentlich neuen Prinzipien in die Erziehung des Offizierkorps hineingetragen und wie er durchaus der Tätigkeit seines Vaters gerecht geworden ist, so hat er auch die unvergleichliche Organisation rückhaltlos anerkannt. Aber was er ihm gegeben hat und was für die Folge auch schlimme Zeiten überdauert hat, das ist kriegerischer Geist, Tatendrang und Ruhmbegierde. Keine Epoche unserer Geschichte und vor allen Dingen kein anderer Herrscher ist wohl so geeignet gewesen, diese Eigenschaften zu wecken und zu fördern. Gewaltig war die Wirkung seiner überragenden Persönlichkeit auf die Zeitgenossen und besonders auf seine Offiziere, die seinen eisernen Willen, sein strategisches Genie und seine sieghafte Kraft dem widrigsten Geschick unbeugsam trotzen sahen. Wie kein anderer verstand es Friedrich den kriegerischen Ehrgeiz seiner Offiziere bis zu den äußersten Leistungen anzuspornen, ein Blick seines durchdringenden blauen Auges, ein Wort des Lobes oder Tadels galt ihnen alles, machte sie zu allem fähig.

Wenn sein Vater dem Offizierkorps das strenge Pflichtgefühl gegeben hat, Friedrich der Große hat es mit der edelen Begeisterung für seinen hohen Beruf erfüllt.

Wie der große König über den Ersatz des Offizierkorps dachte, daß er in der Hauptsache nur das adlige Element für erwünscht hielt, haben wir bereits gehört. Ein anderes Urteil aus einem Bericht Friedrichs über seine militärische Tätigkeit, welches dieselben Anschauungen wiederspiegelt, möge hier noch Platz finden. „Um auf die Höhe der Tüchtigkeit zu gelangen", heißt es da, „die so wichtig für das Wohl des Staates ist, wurde das Offizierkorps möglichst von bürgerlichen Elementen befreit ...." „Da nun das heimische Land nicht so viel Edelleute stellen konnte, als die Armee brauchte, so wurden Offiziere aus Sachsen, Mecklenburg und dem Reich in Dienst genommen, unter denen es manche tüchtige Leute gab." Wir sehen, wie der König sogar das Prinzip des nationalen Offizierkorps dem der adligen Geburt opferte. Glücklich war dieser Behelf nicht, denn, wie schon erwähnt, hat er dazu beigetragen, den Geist der Kameradschaft zu schädigen. Diese Fremdlinge haben im allgemeinen auch nie das so zu sagen angeborene und anerzogene Anhänglichkeits- und Zugehörigkeitsgefühl zum Herrscher gewonnen.

Und doch konnte Friedrich infolge der Kriegs-Verluste nicht gänzlich des bürgerlichen Elements entraten. Es waren aber ganz bestimmte Truppenteile, bei denen Bürgerliche, wenigstens in der Regel, nur Anstellung fanden und zwar bei den Husaren, Jägern, beim Artillerie- und Ingenieur-Korps und besonders bei den Garnison-Regimentern, die nicht als voll galten. Einige Angaben mögen hier erläutern.*) Beim

---

*) Nach von Lippe „Militaria aus König Friedrich des Großen Zeit."

Feldartillerie-Korps befanden sich beispielsweise 1780 vom Stabskapitän eingeschlossen aufwärts 21 adlige und 37 bürgerliche Offiziere, 1774 beim Ingenieur-Korps 16 Adlige, 38 Bürgerliche, beim Husaren-Regiment 9 (Bosniaken) war die Hälfte der Schwadrons-Chefs bürgerlich.

Aber dennoch hat der König seine Anstellungsgrundsätze durchaus nicht bis zur Pedanterie getrieben und ausnahmslos durchgeführt. Wir finden daher auch vereinzelt in den übrigen Truppenteilen, so in den besonders angesehenen Linien-Infanterie-Regimentern, Offiziere bürgerlicher Geburt. Tapferkeit, Tüchtigkeit im Dienst und untadelige gute Sitten waren es, die Friedrich für seine Offiziere verlangte und da, wo er sie fand, bei Edelmann wie Bürger zu schätzen und zu belohnen wußte. Es liegt daher kein Widerspruch darin, wenn er an anderer Stelle den Grundsatz ausspricht, daß das preußische Offizierkorps einen Schwertadel repräsentieren solle dem Geburtsadel durchaus ebenbürtig. So hat er auch einmal das Gesuch eines Obersten um Nobilitierung mit den Worten abgelehnt: „Es tut nicht not, ihm den Adel zu verleihen, denn sein Degen nobilitiert ihn schon." Trotzdem hat Friedrich im allgemeinen bürgerliche Offiziere von hohem militärischen Rang in den Adelsstand erhoben; im ganzen hat er 63 Nobilitierungen vorgenommen.*)

Die Offiziere, die aus dem Kadettenkorps hervorgingen, waren fast durchweg Adlige und nach dem 7jährigen Kriege hat der König sogar den Nachweis adliger Geburt für die Aufnahme zur Bedingung gemacht. Hiermit verband er ja auch den Nebenzweck, den kleineren und ärmeren Adel, der ihm und seinem Vater die besten Offiziere geliefert hatte, durch die freie Erziehung pekuniär zu unterstützen.

Friedrich hatte eine sehr hohe Auffassung von dem Offizierberuf und diese spricht sich nicht nur darin aus, daß er nur

---

*) v. Lippe „Militaria aus König Friedrich des Großen Zeit."

den „anständigen Menschen" von guter Erziehung und Ehrgefühl haben wollte, sondern daß er ebenso hoch Verstand und Bildung anschlug und direkt als notwendiges Erfordernis hinstellte. Scharf betont er dies in einer Abhandlung über Erziehung, in welcher er sich gegen die damals, wie allerdings auch heute noch, viel gehörte Redensart wendet „mein Sohn will nicht studieren; er wird gut genug sein zum Soldaten." Der große König findet diese Redensart „lächerlich und töricht", „zum Musketier mögen sich alle solche Leute eignen aber nicht zum Offizier", „zuviel Kenntnisse könne niemand haben und der Soldatenberuf fordere sehr ausgebreitete." Dieselbe Anschauung spiegelt sich in folgendem Vorfall wieder. Ein sächsischer Edelmann wendet sich an den König mit der Bitte um Anstellung seines Sohnes und spricht den Glauben aus, daß dieser in der preußischen Armee wegen seiner großen, stattlichen Figur ein besonderes Glück haben werde. Friedrich schreibt ihm: „er sähe bei einem jungen Edelmann mehr auf einen soliden Verstand und wohlanständige Konduite als auf Größe."

Seinen Anschauungen über die Wichtigkeit des Offizier-Ersatzes entsprach es, daß er sehr vorsichtig bei der Annahme von Bewerbern um Fähnrichs- und Offizierstellen war. Wenn es irgend anging, wollte er die Betreffenden erst vorher persönlich sehen. So schreibt er 1746 an Otto von Schwerin, der ihm den Sohn eines schwedischen Generalleutnants zur Annahme als Fähnrich beim Regiment Bayreuth vorschlägt: „Ich will ihn erst selber sehen, schicket mir selbigen anhero." Ebenso an Ziethen, welcher bei seinem Regiment einen jungen Grafen Mittrowsky einstellen will: „Da Ich diesen jungen Menschen Selber zu sehen curieux bin, um ungefähr zu urteilen, was an ihm ist" solle er ihn gelegentlich zeigen. Besonders zurückhaltend war er bei Anstellung von solchen Leuten, welche bereits in anderen Armeen gedient hatten; auch war es ihm sehr zuwider, wenn Offiziere finstere und verschlossene

Mienen zeigten, indem er glaubte, dies schädige in schlimmen Zeiten das Selbstvertrauen der Soldaten. Aus diesem Grunde hatte er auch einen seiner späteren Gegner, und zwar dem fähigsten, dem General Laudon, keine Aufnahme in seine Armee gewährt.

Des Königs Tätigkeit für die Kabettenanstalten als Heranbildungs=Institute für einen tüchtigen Offiziererjatz werde ich an anderer Stelle berühren.

Zunächst möchte ich hier einiges über die Beförderungs= Verhältnisse anschließen. Das System der Beförderung nach dem Dienstalter behielt Friedrich der Große bei, ebenfalls die so wichtigen Konduitenlisten. Jedoch finden wir unter ihm viel häufiger, wie unter seinen Vorgängern Bevorzugungen im Avancement und außerordentlich schnelles Emporklimmen einzelner auf der militärischen Stufenleiter. Einesteils entsprang letzteres den kriegerischen Zeiten seiner Regierung, in der sich viel Gelegenheit zu besonderer Auszeichnung einzelner fand, andererseits aber auch den persönlichen Anschauungen des Königs. Sehr bezeichnet für die Ansicht des Königs, daß der Tüchtige schnell vorwärts kommen müsse und man sich die Charge nicht durch die Jahre erdienen könne sind die Worte, welche Friedrich einmal als Randbemerkung eines ihm un= gerechtfertigt erscheinenden Beförderungs=Vorschlages schrieb „Ich habe einen Haufen alter Maulesel im Stall, die Länge der Dienstzeit macht aber nicht, daß sie Stallmeister werden." Ein anderes Mal schrieb er neben ein Gesuch eines alten Kapitäns, der darum bat endlich mal befördert zu werden: „Das Regiment ist beständig vor dem Feinde gelaufen und muß er notwendig allerwegens mitgelaufen sein, ich avanciere die Offiziere, die den Feind geschlagen haben".

Besonders in der Zeit nach dem 7jährigen Kriege be= gann bevorzugtes Avancement größeren Umfang anzunehmen und manche Schädlichkeiten im Gefolge zu führen. Friedrich konnte bei der gewachsenen Armee und bei der ungeheueren

Fülle der Arbeit nicht mehr den einzelnen kennen lernen, nicht einmal mehr, wie früher, alljährlich jedes Regiment besichtigen. Er war daher auf die Berichte der Regiments-Kommandeure und evtl. Empfehlungen seitens der Generale und Inspekteure in bezug auf die Beurteilung angewiesen. Hier begann bald Konnektion und ihr Schoßkind das, was wir Schusterei nennen, reiche Blüten zu treiben und wiederum als Reaktion dagegen Mißmut und Unzufriedenheit bei den weniger Begünstigten und Übergangenen sich einzustellen. Schon in Fällen, wo ein schnelles Avancement auf augenscheinliche hervorstechenden Leistungen beruht, pflegt bei den Zurückbleibenden oder gar Übergangenen ein kleiner Stachel der Unzufriedenheit zurück zu bleiben, denn der Mensch pflegt nun mal seine eigene Person für nicht unbedeutend zu halten, seine Leistungen zu überschätzen. Wie anders ist es nun erst in Fällen, wo offenkundig nur Gunst und Gnade den Unbedeutenden oder wenigstens in nichts über die große Masse Emporragenden über die anderen erhebt, meist nicht einmal den guten Charakter sondern den Streber. Solche Zustände und ihre Folgeerscheinungen, wie Mangel an gegenseitiger Achtung, Lockerung der Kameradschaft, aller für den Offizierberuf so notwendiger Ideale bares Strebertum, müssen mit Naturnotwendigkeit demoralisierend wirken und haben sicherlich auch ihr Teil zu dem vollständigen va banque von 1806 beigetragen.

Zu einem recht eigentümlichen und die Disziplin schwer schädigenden Mittel der Selbsthilfe griff man bisweilen, um die in andere Regimenter eingeschobenen Springer hinauszugraulen oder zu beseitigen. Es verabredeten sich eine Anzahl von Offizieren, den Betreffenden abwechselnd so lange zu fordern, bis er freiwillig das Feld räumte oder im Zweikampf fiel.*)

---

*) l'Homme de Courbière Geschichte der brand.-preuß. Heeresverfassung.

Daß der große König aber irgendwie bewußt Vetternwirtschaft und Konnektionswesen geduldet oder gar begünstigt habe, ist gänzlich falsch. Er handelte durchaus nur im Staatsinteresse, wenn er jüngere und nach seinem Urteil fähigere Generale älteren als Inspekteure vorsetzte und es war ihm selten möglich über die unteren Chargen selbst sich ein Urteil zu bilden.

Als allgemeinen Grundsatz galt es bei dem König, daß das Avancement bis einschließlich zum Oberstleutnant in der Tour gehen solle und Offiziere mit „übeler" Konduite oder, wenn sie durch andere Fehler dazu Ursache gäben, im Avancement übergangen werden müßten. In den ersten kriegerischen Regierungsjahren ging das Avancement ziemlich schnell. Kapitän und Kompagnie-Chef wurde man mit 12—15 Dienstjahren, mit weiteren 4—6 Jahren konnte man Stabs-Offizier werden, und in 1—3 Jahren Oberstleutnant, dann mit 5—6 Jahren Oberst. Bei normaler Beförderung, wie es bei uns so schön heißt „in der Ochsentour" konnte man mit 43 Jahren Generalmajor werden, da der Durchschnitt mit etwa 16—17 Jahren Offizier wurde, mit 14—15 Jahren eintrat.*) Friedrich wollte auch keine alten Stabsoffiziere und äußerte gelegentlich: „ein Stabs-Offizier, den man mit Nutzen verwenden wolle, müsse in seiner besten Force sein".

Einige besonders schnelle Beförderungen mögen hier in Kürze Erwähnung finden. Gottlieb v. Bülow wurde mit 24 Jahren Major, der bekannte spätere General v. Belling mit 29 Jahren. Der Vertraute des Königs v. Gaudy mit 21 Jahren Hauptmann, der Flügeladjutant v. Winterfeld mit 36 Jahren unter etwa zweijähriger Vorpatentierung Generalmajor.**)

Nach dem siebenjährigen Kriege begann die Beförderung ganz bedenklich zu stocken und dies hat sich bis zum Jahre

---

*) Nach v. Lippe „Friedericus rex und sein Heer."
**) Ebenda.

1806 fortgepflanzt; besonders finden wir schon unter dem großen König in den höheren Chargen ein beträchtliches Lebensalter. Das langsame Vorwärtskommen und das hohe Lebensalter vieler Offiziere möchte ich ebenfalls an einigen Beispielen erläutern.

Ein Ingenieur-Leutnant Wolff, der bereits im siebenjährigen Kriege diese Charge bekleidete, befindet sich 1786 noch in dieser Dienststellung. Der General der Artillerie v. Linger war 13 Jahre lang Generalmajor und wurde dann 71 jährig Generalleutnant. 1783 finden wir einen 67 jährigen und einen 69 jährigen Generalmajor.

Das Stocken in der Beförderung und die Menge alter Offiziere hing eng mit jenem Prinzip zusammen, das schon Friedrich Wilhelm I. zur Geltung gebracht hatte, nämlich Offiziere im allgemeinen nur zu verabschieden, wenn sie völlig dienstunbrauchbar wurden. So wenig vorteilhaft solcher Grundsatz sich in der Praxis für die Kriegstüchtigkeit der Armee stets erwiesen hat, es liegt doch etwas Großes in ihm. Das eiserne Prinzip der Pflichterfüllung mit allen Kräften und bis zum letzten Atemzuge, dies Prinzip, welches Preußen groß gemacht hat, spricht auch aus diesen Verhältnissen; bewundernswert sind diese alten Offiziere, die nichts kennen als die Pflicht, dem Staat zu dienen, und nicht an das so wohl verdiente Ausruhen denken, welches dem Alter gebührt.

Bis zum siebenjährigen Krieg genehmigte Friedrich Abschiedsgesuche grundsätzlich nur, wenn sie infolge von Invalidität eingereicht wurden, später entließ er auch bisweilen Offiziere, die aus anderen persönlichen Gründen darum einkamen, aus dem Heer. Jedoch war er gewöhnlich unerbittlich, wenn solche Offiziere später wieder eintreten wollten, da er ihnen den Abgang als mangelndes Pflichtgefühl auslegte und daher persönlich übel nahm. Einem Offizier, welcher wegen einer reichen Heirat, die sich später zerschlagen hatte, seinen Abschied genommen und darauf wieder eintreten wollte, wies er mit den Worten ab: „Hat Er quittiert, so hat Er keine Ambition und dergleichen Offiziere sind mir ein Greul." Dagegen suchte er auch kranke Offiziere zu halten. Nach dem zweiten schlesischen Krieg bat ein Rittmeister, dessen Gesundheit infolge der Kriegsstrapazen stark erschüttert war, um seinen Abschied. Der König schrieb ihm unter anderem: Er habe ja jetzt Zeit, Rat und Hilfe für seine Zufälle zu suchen und so habe er noch nicht nötig, an seinen Abschied zu denken. „Ihr könnet nur noch immer im Dienst bleiben, als worin Ich Euch als einen braven und wohlverdienten Offizier gern konservieren und für Euch gewiß so sorgen werde, daß Ihr Ursach haben werdet, es zufrieden zu sein."

Ausländer mußten sich bei ihrem Eintritt in die Armee verpflichten, zeitlebens in preußischem Dienst zu bleiben. Von diesem Versprechen wurden auch die Angehörigen fürstlicher Häuser und des deutschen Hochadels nicht ausgenommen, so beispielsweise der Herzog von Braunschweig und der Prinz Hohenlohe. In Friedrichs Schätzung war der Fürst, Graf oder gewöhnliche Edelmann als Offizier seiner Armee überhaupt gleich, wie wir später in seinen Anschauungen über die Kameradschaft sehen werden.

Die Sitte der Charaktererhöhung bei Verabschiedungen, gute Konduite und Ausscheiden infolge Invalidität vorausgesetzt, blieb weiter bestehen und hat sich ja bis heute erhalten. Neu hinzu kam, daß solchen Offizieren mit dem Abschied die Erlaubnis erteilt wurde, die Uniform weiter zu tragen. Dies galt als eine ganz besondere Auszeichnung und eine Ordre des Königs vom 13. September 1781 besagt hierüber: „Ihre Majestät befehlen, daß wenn ein Offizier den Abschied bekommt und nicht 20 Jahre gedient hat, soll er sich nicht unterstehen, an den König zu schreiben und Montierung zu tragen sich erbitten."

Die Gehälter der Offiziere blieben im wesentlichen dieselben wie unter Friedrich Wilhelm I., und besonders die Offiziere der unteren Grade haben sich bei den wachsenden Lebensbedürfnissen und der sich nach den Kriegen steigernden Teuerkeit schlecht und recht durchschlagen müssen, denn die 10 Taler monatlich, die der Leutnant erhielt, wollten nicht mehr hin- und herreichen. York hat später in seinem bittern Sarkasmus von seiner Leutnantszeit, welche noch unter die Regierung Friedrichs des Großen fiel, gesagt: „Wenn ein Subaltern-Offizier hungert, so muß er sein Patent lesen und sich an der Phrase ergötzen: Daß er alle Prärogative seines Standes genieße."*) Kein Wunder, daß der Subalternoffizier sehnsüchtig die Zeit erwartete, wo ihm eine Kompagnie übertragen wurde und damit allerdings ein glänzend zu nennendes Auskommen winkte. Eine Kompagniechef-Stelle brachte bisweilen mehr als 3000 Taler im Jahr, für jene Zeiten ein großes Einkommen.

Aber dennoch lag etwas ungesundes in diesen Verhältnissen und die nicht feste Normierung der Bezüge der Kompagnie-Chefs, wurde zum Fallstrick für manches schwache Gemüt, das dem Drang reich zu werden auch dann nicht zu widerstehen vermochte, wenn Ehrgefühl und Gewissen ihm ein „Halt" hätten zurufen müssen. So verlor mancher das Anrecht auf den Namen eines Ehrenmannes und untergrub gleichzeitig Moral und Disziplin im Heere. Wie man bisweilen die Einkünfte seiner Stellung steigerte, habe ich bereits bei Schilderung der Verhältnisse unter Friedrich Wilhelm I. des Näheren erörtert. Unter der Regierung Friedrichs nahmen die Fälle erheblich zu, in denen sich Kompagnie-Chefs schon nicht mehr zu rechtfertigende Vermögensvorteile aus ihrer Stellung verschafften und grobe Veruntreuungen zu Schulden kommen ließen. Befördert

---

*) Droysen, „Leben Yorks von Wartenburg".

wurde dieses Übel besonders durch die Ordre von 1763, die die Zahl der zu beurlaubenden Leute festgesetzt und nach der die Löhnung sowie kleinen Bekleidungsgelder dieser Mannschaften bis auf die für 10 Mann, der königlichen Kasse zurückgezahlt werden mußten, während früher den Chefs die ganzen ersparten Gelder zugefallen waren. Für die Gebührnisse dieser 10 Leute mußten aber die Kompagnie=Chefs während der Exerzierzeit 10 Überkomplette unterhalten. Hinzu kam die Ungleichheit der Einkünfte bei den verschiedenen Regimentern, wodurch das bis zu einem gewissen Grade berechtigte Mißvergnügen gesteigert wurde, zumal mancher im Kriege Geld zugesetzt, das er jetzt wieder einzubringen gehofft hatte. Man glaubte sich daher zunächst gewissermaßen moralisch berechtigt, eine offenbar als Ungerechtigkeit empfundene Bestimmung selbständig abzuschwächen und so begann sich ein förmliches System zu entwickeln, die tatsächlichen Stärken durch unrichtige Rapport= und Listenführung zu verschleiern. Es scheint, als ob dem nicht immer von den Inspekteuren mit dem richtigen Gefühl und dem notwendigen Nachdruck entgegengetreten worden ist. Diese Verhältnisse sind zu wichtig für die Folge gewesen, als daß ich es unterlassen möchte, hier einen sie kennzeichnenden Erlaß Friedrich Wilhelms II. im hauptsächlichen Wortlaut wiederzugeben. Die Ordre ist am 17. Februar 1787, also nur ein halbes Jahr nach des großen Königs Tode, an die General=Inspekteure gerichtet und lautet:

„Seine Königliche Majestät von Preußen usw., Unser allergnädigster Herr, haben mit äußerstem Mißvergnügen wahrnehmen müssen, daß dero ruhmvolle und siegreiche Armee neben ihrer großen und selbst bei Vergleichung aller Zeiten seltenen Vortrefflichkeit dennoch mancherlei Unregelmäßigkeiten, Mißbräuche und Mängel nach und nach in sich aufgenommen und bis hierher unterhalten habe, die den Glanz, den sie sich vor den Augen von ganz Europa so teuer und glorreich erkämpft, auf einige Weise verdunkeln, ihrer erhabenen Bestimmung, welche in die Aufrechterhaltung und Vertheidigung des Wohls des Vaterlandes gesetzt ist, hinderlich werden und die Beschaffenheit des Ganzen von der Annäherung zur möglichen Vollkommenheit mit eben der Gegenkraft zurückhalten, welche sie bisjetzt angewendet hat, durch Zurücklegung der wenigen noch übrigen Schritte, jenes von allen Kriegsvölkern noch unberührte Ziel völlig zu erreichen. Solchergestalt hat es dem Ruhme der preußischen Armee äußerst nachteilig werden müssen, ... daß vorzüglich zu Kriegszeiten von Männern von Ehre die Wahrheit aus Listen verbannt, und um schnöden Gewinnstes willen unrichtige Angaben hintenan gesetzt wurden, wodurch mancher commandirende General in nicht geringe Verlegenheit geraten ist; anderer noch ungleich dunklerer Flecken der Armee nicht zu gedenken, worüber die häufigen Denunciationen und die befremdliche Menge schmutziger Prozesse in verschiedenen Regimentern ein höchst widriges Licht vor der Welt verbreitet haben. Wenn dergleichen Vergehungen, welche bis dahin hie und da aus unerlaubter Gewinnsucht entstanden, unleugbare Beweise aufstellen, wie schädlich es den Grundlagen eines wohlgeordneten Kriegsheeres, der Subordination und Disziplin werden kann, wenn nicht all' und jede Etate genau bestimmt, noch die zu den einzelnen ausgesetzten Einkünfte. in sich ausreichend, und auch auf das bestimmteste vorgeschrieben sind, so zeigen sie auf der anderen Seite aber auch die Notwendigkeit einer klaren Gesetzgebung um so deutlicher, als in sehr vielen Fällen die Einnahme sowie die Ausgabe des Kompagnie-Chefs zum Teil von der Willkühr und Laune ihrer Oberen abhängig gewesen, und es dadurch gewissermaßen zu einer fast überall angenommenen Charakteristik der letzteren geworden, daß dieser oder jener seinen Capitäns Brod lasse, ein anderer dagegen es ihnen schmälere, welche unbefugte Willkürlichkeiten doch den Allerhöchsten Diensten nicht nur völlig entgegenlaufen.

sondern auch den Rechten und Pflichten Seiner Königlichen Majestät zu nahe treten, als Höchstwelchen es nur allein zustehet, die Einkünfte, Ausgaben und Pflichten zu bestimmen, welche mit jedem Amte in dero Staaten, wie in dero Armee, verbunden sein sollten und wonach sich sodann jeder ohne Unterschied allergehorsamst zu achten hat".

Wie Friedrich der Große über Pflichten des Staates den invalide Gewordenen gegenüber dachte, sehen wir aus seinem militärischen Testament von 1768; hier sagt er: „Der Soldat, welcher dem Gemeinwohl Gesundheit, Kraft und Leben opfert, hat, wenn er alt und verstümmelt ist, ein Recht auf Erkenntlichkeit von Seiten derjenigen, für die er alles eingesetzt hat." Zum erstenmal wird hier die Fürsorge für die ausgedienten Soldaten als ein Anrecht hingestellt, welches sich diese erworben haben, und nicht mehr als einen Akt besonderer Gnade. Dieser ganz moderne Gedanke des großen Königs ist in seiner Bedeutung nicht zu unterschätzen, indem er bald zu einem gesetzlich geregelten Pensionierungswesen geführt hat. Von einem solchen war allerdings unter Friedrich noch keine Rede, jedoch hat er, wie schon sein Vater, in ausreichender Weise für invalide Offiziere und Soldaten gesorgt.

Die Offiziere erhielten Gnadengehälter nach dem Ermessen des Königs, je nach ihrer Stellung und Bedürftigkeit; Generäle 1000—3000 Taler, Stabsoffiziere 200—500 Taler. In Fällen, wo Offiziere im Kriege nicht ihre Schuldigkeit getan hatten, gewährte der König keine Pension.

Aber vor allem hat er in ausgedehntem Maße von der Zivilversorgung Gebrauch gemacht. Es herrschten noch jene glücklichen Zeiten, wo nicht für jeden Posten und jedes Pöstchen eine besondere Vorbildung und verschiedene Examina notwendig waren, und so sehen wir denn Offiziere als Landräte, Postmeister, bei den Salz-Faktoreien, der Steuer, der Münze und im Forstverwaltungsdienst und nicht etwa hauptsächlich in Subaltern=Stellungen verwendet. Alte Generäle wurden Festungskommandanten und Gouverneure.

Auch für Witwen und Waisen der Offiziere wurde, soweit die Kräfte des Staats es gestatteten, Fürsorge getroffen. Der König ist ferner der Begründer eines Erziehungs=Instituts für arme Offizierstöchter, in welchem diese durch einen entsprechenden wissenschaftlichen Unterricht, sowie durch gründliche Unterweisungen in allen häuslichen Arbeiten zu tüchtigen Erzieherinnen ausgebildet wurden.

Für die Heranbildung zum Offizier und besonders eine wissenschaftliche Weiterbildung des ganzen Standes hat der große König außerordentlich viel getan. Vor allem in der Weiterbildung der Offiziere war es sein unausgesetztes Bestreben, die Versäumnisse unter seines Vaters Regierung nachzuholen und neues Streben zu wecken. Nicht nur durch fortgesetzte Ermahnungen, durch Einrichtung von Bibliotheken und Fortbildungs=Instituten, sondern auch durch zahlreiche eigene Schriften und Instruktionen, sowie durch persönlichen Unterricht besonders befähigter Offiziere hat er dem großen Ziel eines fachmännisch und allgemein gebildeten Offizierkorps zugestrebt. Fraglos hat sein Wirken in dieser Beziehung, so wenig ausgedehnte und handgreifliche Erfolge es bei dem alten Stamm, der im Geiste des Soldatenkönigs aufgewachsenen Offiziere zeitigen wollte, doch für die kommende Generation, deren Leutnantsjahre in das Ende seiner Regierung fielen, außerordentliche Früchte getragen. Daß ihm nicht ein Erfolg in dem Maße, wie es seiner rastlosen Arbeit hätte zukommen müssen, beschieden war und daß er nur bescheidene Früchte seiner Tätigkeit sehen durfte, liegt aber auch in den langen Kriegszeiten begründet, welche unwillkürlich verwilderten und höherem Streben abhold machten.

Von dem König wurde neu eine Art von Vorkorps, eine Schule für 56 Knaben in Stolp errichtet, welche dort auf seine Kosten gekleidet, ernährt, erzogen und in elementaren

Unterrichtsfächern vorgebildet wurden, um später im Kadetten=
korps Aufnahme zu finden. Im Kadettenkorps selber wurden
als Hauptfächer Geschichte, Geographie, Logik, Geometrie und
Befestigungskunst gelehrt. Der König stellte als Haupt=
bedingnng für die Ausbildung, die Erziehung müsse darauf
hinzielen, das Urteil zu bilden; also grade im Gegensatz zu
den verbohrten Schulprinzipien des 18. Jahrhunderts legte
er den Hauptwert nicht auf eine Fülle toten, formalistischen
Wissens, sondern auf die Heranbildung eines selbständigen
Urteils.

1765 gründete er die académie militaire, welche zunächst
15 besonders befähigte Kadetten aufnahm, um ihnen eine
höhere, namentlich militärische Bildung zu geben. Diese
academie militaire entsprang aus dem Bedürfnis, sich einen
Generalstab heranzubilden, einem Bedürfnis, dem auch die
vom König persönlich vorgenommene Ausbildung einiger be=
sonders empfohlener Offiziere diente. Die Akademie ist die
Vorläuferin der Kriegs=Akademie geworden.

Für die Weiterbildung der Offiziere ließ der König aber
noch bei jeder Armee=Inspektion eine Militär=Akademie ein=
richten. Im Reglement von 1779 heißt es darüber: „Daher
haben Sr. Majestät in nachfolgenden Städten Militär=Akademien
angelegt, worinnen die Offiziere in den vier Monaten November
bis Februar Fortifikation und Geographie gründlich lernen
sollen: Wesel für die westfälische Inspektion, Magdeburg,
Berlin, Stettin, Königsberg und Breslau." Hierhin sollen die
Offiziere kommen, die „von einer eblen ambition animiert
werden, sich vor ihr metier besser als andere appliciren,
weder Faulheit noch Schläfrigkeit verspüren lassen." Diese
Offiziere sollen aber nichts destoweniger „den kleinen Dienst
auf das accurabelste tun." Sollten sich etwa diese Offiziere
„dem Spiel oder dem Gesöffe" hingeben, so sollen sie zu
ihren Regimentern zurückgeschickt werden, sie dürfen nicht

wieder auf die Akademie kommen und es sollen ihnen jüngere Offiziere vorgezogen werden.

Charakteristisch ist es, wie Friedrich die durch die Kommandierung auf die Akademien bevorzugten Offiziere von vorn herein vor dem wissenschaftlichen Dünkel des Strebens warnt, indem er ihnen sagt, daß sie trotz aller höheren militärischen Bildung „den kleinen Dienst auf das accurabelste tun sollen." Er kennt die außerordentliche Wichtigkeit des Details auch für das Genie und so spricht er diesen Gedanken in einem Gedicht folgendermaßen aus:

    Aimez donc ces details, ils ne sont pas sans gloire
    C'est là le premier pas qui mène à la victoire.

Der ganzen Denkungsart des Königs entsprach es aber trotz aller Wertschätzung der Detailarbeit, durchaus nicht, wenn Offiziere in diesen Kleinigkeiten des Dienstes ohne jede höhere Auffassung und alles höhere Streben ganz und gar aufgingen. Er hatte ja grade die Akademien gegründet, um seinen Offizieren Gelegenheit zu geben, über den Drill des Exerzierplatzes hinweg die höheren Aufgaben der Kriegführung kennen zu lernen und ein offenes Auge für ihre Ziele zu bekommen. Solche Kleinigkeitskrämer, bei uns mit dem Namen Kommiß=Soldaten beehrt, nannte der König „Sattel= und Stiefel=Majors". Wo er solche Leute erkannte, ließ er sie nicht über die Stellung eines Kapitäns hinauskommen, da er sie für ungeeignet zum Stabsoffizier hielt.

Bei jeder Inspektion wurde eine Bibliothek militärischen Inhalts errichtet, die vom König unterhalten wurde. Außerdem regte er aber auch die Gründung solcher Bibliotheken bei den Regimentern an. So finden wir denn bald bei einigen Regimentern Bibliotheken, welche genau wie heutzutage, durch freiwillige Beiträge der Offiziere unterhalten werden und großen Nutzen gebracht haben. Das wissenschaftliche Streben hatte gegen Ende seiner Regierung schon derart zugenommen, daß beispielsweise die Offiziere des Husaren=Regiments Ziethen auf das Werk „Feldzüge des Marschalls Luxembourg", welches der König 1781 empfohlen hatte, abonniert hatten, trotzdem es die für den damaligen Offizier gewiß hohe Summe von 4 Friedrichsd'ors kostete.*)

Keinen geringen Einfluß auf das höhere Streben der Offiziere hat allerdings auch der Geist der Aufklärung gehabt, der sich so mächtig von der Mitte des 18. Jahrhunderts ab besonders in den höheren Ständen geltend machte.

Aber auch auf eine gründliche Dienstkenntnis aller Offiziere wirkte der König hin. Er tat dies in ähnlich patriarchalischer Weise, wie sein Vater, indem er z. B. in bezug auf das Kavallerie-Reglement verlangte, daß die Generale und Stabsoffiziere das Reglement zweimal, die Rittmeister fünfmal jährlich, die Leutnants und Kornets monatlich einmal durchlesen sollten. Von den Subaltern-Offizieren im allgemeinen forderte er, sie sollten das Reglement so oft durchlesen, bis sie es „wie einen Katechismus auswendig wissen." Sie sollten von Allem wissen auf welcher Seite und unter welchem Titel es stände.

Für die praktische Ausbildung der jungen Offiziere fanden im Sommer fast täglich Felddienstübungen statt, für die größeren Manöver wurden sie durch Rekognoszierungen und das Einprägen von Gefechts-Dispositionen vorgebildet.

Wir sehen, die Tätigkeit des Königs für die Hebung des geistigen Niveaus und für die Heranbildung eines selbständig denkenden und handelnden Offizierstandes war eine außerordentlich rege und vielseitige. Kein Wunder, daß sie für die Folge, als erst mit einem nicht mehr zeitgemäßen System gebrochen war, glänzende Früchte trug und der Armee Führer und Erzieher wie Boyen, Gneisenau, York und Bülow schenkte.

---

*) v. Lippe „Militaria aus König Friedrich des Großen Zeit."

Mit der geistigen Erziehung ging solche zur Pflicht und Ehre Hand in Hand. Hier brauchte Friedrich der Große nur das zur Blüte bringen, was sein Vater im Offizierkorps eingepflanzt und zum lebenskräftigen, starken Stamm in sorgsamer Pflege hatte gedeihen lassen.

So wunderbar es klingen mag, Friedrich hat die Disziplin, wenigsten in bezug auf die Offiziere, strenger aufgefaßt und harter gehandhabt als sein eiserner Vater. Dies erklärt sich aber aus zwei Umständen. Friedrich erkannte die Notwendigkeit der eisernsten Disziplin im Kriege und stand dem Offizierkorps, das er in der harten Probe langer Kriege in all seinen Vorzügen, wie auch Fehlern kennen lernte, skeptischer gegenüber; es stand doch immer geistig tief unter ihm und in all den harten Zeiten hat ihm das Gefühl, ganz auf sich allein angewiesen zu sein, bei nur Wenigen wahre Selbständigkeit und vollstes Verständnis zu finden, zu einer gewissen Menschenverachtung geführt. Zum andern hatte sich das Offizierkorps durch die verlustreichen Kriege, in denen 1500 Offiziere auf der Wahlstatt blieben, in seiner Zusammensetzung verschlechtert. Der heimische Adel konnte nicht mehr den ausreichenden Nachersatz liefern und so fanden in ausgedehnterem Maße Nichtpreußen Aufnahme, die häufig den Charakter von Abenteurern trugen und nicht das Kleinod Ehre und Pflicht als höchstes Gut pflegten.

Solchen Elementen gegenüber konnte natürlich nicht mehr die Rede davon sein, die persönliche Ehre selbst über die Forderungen der Disziplin zu stellen.

So erläßt er denn schon gleich nach Beendigung der schlesischen Kriege am 12. Dezember 1748 eine Ordre, die scharf seinen Standpunkt im direkten Gegensatz zu Friedrich Wilhelms Edikt von 1713 kennzeichnet: „Wenn ein Offizier von seinem Chef oder Stabsoffizier geschimpft, oder gar mit dem Stock von selbigem gedrohet werde, als wolle er ihn stoßen oder schlagen, so muß der beleidigte Offizier, so lange er im Dienst ist, stille sein; sobald aber der Dienst vorbei ist, so kann derselbe wegen des Schimpfes gehörige Satisfaktion suchen." Friedrich Wilhelms Befehl sagte, der Offizier solle sich im Dienst nicht verantworten, „solange er nicht an seiner Ehre angegriffen sei," und der bekannte Reitergeneral Ziethen hatte sich im Dienst, und zwar vom Fleck aus, als Leutnant zwei- oder dreimal mit seinem Rittmeister und selbst noch als Rittmeister einmal mit seinem Obersten herumgeschlagen und war dabei nur einmal als Leutnant wegen solcher Handlungsweise kassiert, nachher aber wieder angestellt worden. Das waren aber die praktischen Folgerungen der Anschauungen Friedrich Wilhelms. Welch' Gegensatz, und man kann es sich nicht verhehlen heilsamer Gegensatz, zeigt sich in den Anschauungen des großen Königs.

In der Ordre wird dann weiter bestimmt, daß, wenn der Vorgesetzte nur „scharfe Worte" gebraucht hatte, eine Forderung bei achtjähriger Festungshaft verboten sei. In dem Falle, daß der Offizier sich hatte hinreißen lassen, den Degen gegen den Vorgesetzten zu ziehen, sollte er mit ewigem Festungsarrest bestraft werden; hatte er ihn verwundet, sollte er erschossen und war dies im Dienst geschehen, enthauptet werden.

Das sind sehr harte Bestimmungen, besonders im Gegensatz zu der Handhabung unter seinem Vorgänger, aber dennoch ziehen sie die wahre Ehre des Offiziers mit nichten herab, denn für wirkliche Beleidigungen ist er auch dem Vorgesetzten gegenüber nach wie vor berechtigt, standesgemäße Genugtuung zu fordern und zu nehmen. Sie waren nur ein notwendiger Damm gegen einen groben und geradezu für die Disziplin gefährlichen Unfug. Denn wo sollte es hinführen, wenn ein Offizier für jedes strenge und tadelnde Wort in überspanntem Ehrgefühl und leichtsinnigem Übermut von dem Vorgesetzten Genugtuung mit der Waffe fordern oder womöglich vom Fleck aus auf ihn wegen eines vielleicht im Diensteifer gefallen beleidigenden Wortes mit dem Degen eindringen konnte?

Nichtsdestoweniger ändert aber Friedrichs Bestimmung nichts an der grundlegenden Anschauung, daß der Offizier unter allen Umständen seine Ehre auch dem Vorgesetzten gegenüber wahren könne und müsse, denn es heißt ausdrücklich, er könne nach dem Dienst für den angetanen Schimpf „gehörige Satisfaktion suchen".

Darauf, wie trotz aller Wahrung der Ehre und des Ehrgefühls, die Disziplin den Offizieren gegenüber schroff und rücksichtslos gehandhabt wurde, komme ich später zurück.

Wenn auch ein richtiges Ehrgefühl und ein Gefühl für Anstand und gute Sitten dem vornehmen und anständigen Charakter angeboren zu sein pflegt, so ist doch gerade der Wert einer kameradschaftlichen, gegenseitigen Erziehung hierin nicht zu unterschätzen. Kameradschaftliche Erziehung und Korpsgeist haben es vermocht, auch die widerspenstigsten Elemente unter die Standesanschauungen und Sitten zu zwingen. Auf diese Art von Erziehung und auf ihre Vorbedingung, festen Zusammenhalt und wahres Zusammengehörigkeitsgefühl, hat Friedrich hohen Wert gelegt und dies in Bestimmungen und Instruktionen immer wieder zum Ausdruck gebracht.

Schon die unsern Fahnenjunkern entsprechenden Frei-Korporale sollen dem erziehlichen Einfluß des Offizierkorps zugeführt werden und der König bestimmt daher: „Da Se. Majestät gefunden haben, daß der Umgang, den die Frei-Corporals mit dem gemeinen Mann zuviel haben, ihnen immerfort anklebt, so wollen Höchstdieselben den 5 ältesten Frei=Corporals Fähnrichs=Patente erteilen, daß sie mit den Offizieren Umgang haben". In einer Ordre an Tauentzien heißt es weiter: „Hiernach muß auch auf die Zucht der Offiziers genau geachtet werden, vornehmlich bei die jungen Offiziers und Frey=Korporäle. Junge Leute sind immer etwas flüchtig und machen gern Sottisen; das muß jedoch nicht allemal nach der größten Rigueur genommen werden, sondern das kommt immer auf die Umstände an".

Der König wollte, daß die Offizierkorps in sich eine Art Familie mit engem Zusammengehörigkeitsgefühl bilden sollten und vor allem kein Cliquenwesen und etwa nur chargenweiser Verkehr Platz greife. Im Gegenteil jüngere und ältere Offiziere sollten einander in echter Kameradschaft entgegentreten und mit einander umgehen; nur so konnte ein Offizierkorps seiner erzieherischen Aufgabe gerecht werden, die notwendigen und berechtigten Standesanschauungen pflegen, weiter entwickeln und auf kommende Generationen fortpflanzen. Ein bewundernswertes Gefühl der gesellschaftlichen Gleichheit aller, wie es wohl nur durch das rein adlige Offizierkorps mit seinem angeborenen Standesbewußtsein so ausgeprägt hatte ins Leben treten können, beherrschte den kameradschaftlichen und dienstlichen Verkehr. Prinz, Graf, Freiherr und einfacher Landedelmann sah in diesem Zeitalter der ausgeprägtesten und fein nuancierten Standesunterschiede in dem Waffengefährten seinesgleichen, ebenso General wie Leutnant, was sich rein äußerlich durch die fehlenden Gradabzeichen bekundete.

Besonders wurde es den älteren Offizieren zur Pflicht gemacht, sich der jüngeren auch außerhalb des Dienstes anzunehmen und in kameradschaftlicher Weise erziehlich zu wirken. „Darum sollen", befiehlt der König, „um alle unanständige und üble Lebensart von den Offizieren abzuwenden, die höheren die niederen Offiziers bei sich bitten, auf eine gute Art mit ihnen umgehen und mit selbigen öfters sprechen". So sehen wir den die auf dem engen Zusammengehörigkeitsgefühl des Standes sich gründende Geselligkeit in dem Offizierkorps sich entwickeln. Besonders glücklich und bahnbrechend haben hierin beispielsweise die Generale von Rohdich und von Möllendorf gewirkt, welche stets ein offenes Haus für die jungen Kameraden hatten, wo edele Geselligkeit erziehlich wirkte.

Aber trotzdem der ältere Kamerad und Vorgesetzte den Jüngeren solcherart menschlich näher trat, trotz des Prinzips persönlicher Gleichheit aller, blieb doch der Respekt vor dem Älteren stets gewahrt und war sogar außerordentlich hoch; das ist sicher ein bemerkenswertes Zeichen für den guten gesellschaftlichen Fond, den die Offiziere des großen Königs besaßen. Gehörte es zu den außerordentlich seltenen Ausnahmen, wenn ein Premierleutnant mit einem Sekondeleutnant Brüderschaft trank, so war es auch nichts auffallendes, daß die Fähnriche, welche Offiziersrang hatten, vom Tisch ihres Hauptmanns oder Rittmeisters aufstanden, sobald der Braten aufgetragen wurde, oder daß der General in seinem eigenen Hause anderen Wein trank, als die von ihm eingeladenen Offiziere. So etwas hielt man für selbstverständlich und durchaus nicht entwürdigend.

Eine tadellose Erziehung im Offizierkorps war die notwendige Voraussetzung für die hohe soziale Stellung, welche der Offizier bis herunter zum Jüngsten im Staate und in der Gesellschaft einnahm. Friedrich Wilhelm I. hatte, wie wir gesehen haben, die gesellschaftliche Stellung des Standes zu einer glänzenden gemacht, indem er sich selbst als ersten Vertreter, als primus inter pares betrachtet wissen wollte; unter seinem Nachfolger wird er ausgesprochenermaßen der erste Stand im Staat. Überall wird der Offizier den Beamten und Zivilisten gleicher Rangstufe, ja denen, die eine verhältnismäßig höhere Stellung einnahmen, vorgezogen, der jüngste Leutnant wird hoffähig. Alle dies konnte aber bei den Anschauungen der Zeit nur infolge des abligen Offizierkorps eintreten und so ist dieses eine der Hauptursachen der bevorzugten und hoch geachteten gesellschaftlichen Stellung, welche das Offizierkorps heute noch einnimmt. Sicherlich ist aber auch nach den Auffassungen der beiden Könige hierfür der Gedanke maßgebend gewesen, daß dem Stande, der wahrlich nicht um lockenden Lohn Blut und Leben für die

Verteidigung des Vaterlandes hingab, besondere Ehre gebühre. Also auch selbstlose, nicht auf pekuniäre Vorteile gerichtete Hingabe der Person an die Interessen des Staates geben einen Anspruch auf bevorrechtete Stellung. Dies ist für die Folge ein außerordentlich wichtiges Moment geworden namentlich seit das Offizierkorps aufgehört hat, ein ausschließlich abliges zu sein, es hat dem Offizierkorps indirekt den aristokratischen Charakter bewahrt.

Einige Beispiele werden die soziale Stellung des Offizierkorps unter Friedrich dem Großen am besten beleuchten.

Eine Anzahl Regierungssekretäre, damals höhere Beamte, hatten an den König ein Gesuch gerichtet, in welchem sie um Entscheidung über ihr Rangverhältnis zu den Subaltern=Offizieren baten, da sich gesellschaftliche Streitigkeiten aus der Unklarheit dieses Verhältnisses ergeben hätten; der König erwiderte darauf: „Mit einem Freicorporal; (d. h. hätten sie dieselbe Rangstufe) und ist dieser mit zu Felde gewesen, so hat dieser den Vorrang vor Euch". Und ein in gleicher Angelegenheit anfragender Kammerherr erhält zur Antwort: „Ist er einen Tag länger im Dienst, so hat er den Vorrang. Ist aber der Freikorporal länger im Dienst, so hat dieser den Vorrang". Regierungsbeamter und Kammerherr standen demnach im Rang den Fähnrichen gleich und der Kriegsteilnehmer hatte sogar den Vorrang. Letzteres ist bezeichnend für Friedrichs hohe Auffassung von dem Wert der opfer= und mühevollen Kriegstätigkeit des Soldaten zum Wohle des Vaterlandes.

Dieser Anschauung des Königs entsprach es auch, wenn die Offiziere eine im Verhältnis zu ihrem Lebensalter und ihrer pekuniären Lage außerordentlich glänzende Rolle in der Gesellschaft spielten. Von vornherein hatte der Offizier durch seinen Stand in jeder Gesellschaft Zutritt, so auch am Hofe, und Friedrich trat mit großer Energie dafür ein, daß der ärmste Offizier hier von der Hofgesellschaft gebührend respektiert wurde.

Bei einem zu Ehren des Großfürsten Paul 1766 stattfindenden Hofball waren auch die Offiziere des sonst wenig bei Hofe erscheinenden Regiments von Rantzel geladen. Der König bemerkte, daß diese keine Tänzerinnen fanden und beauftragte sofort die Oberhofmeisterin der Königin, den Damen zu sagen, er habe mit diesen Offizieren alle seine Feldzüge gemacht und hoffe, daß die Damen nicht Ursache hätten, sich zu schämen, mit ihnen zu tanzen.

Gesellschaftlich fühlte sich das Offizierkorps auch vollständig solidarisch; niemand durfte es wagen, einen seiner Angehörigen unhöflich oder nichtachtend zu behandeln. Bei einer Gesellschaft der Witwe des Ministers von Tettau in Königsberg wurde von der Hausfrau einem Fähnrich, der hinter einer Fenstergardine etwas zu suchen schien, ziemlich höhnisch gesagt „Suchen Sie etwa Ihren Hut und Degen", was wohl andeuten sollte, es wäre besser er ginge nach Hause. Als dies bekannt wurde, verließen sämtliche anwesende Offiziere, an ihrer Spitze der älteste General, wegen der ihrem jüngsten Mitglied angetanenen Beleidigung die Gesellschaft.

Wie groß das Bewußtsein ihrer bevorzugten Stellung war, zeigt uns Yorks Recontre mit einem schlesischen Magnaten. York geht als junger Kapitän mit einem andern Herrn zusammen die Treppe im Hohenloheschen Palais in Breslau hinauf, als ein eilig heraufstürmender schlesischer Magnat sich zwischen ihnen hindurchzudrängen sucht. York zieht ihn am Rockschoß zurück und bedeutet ihm, dies Betragen sei unpassend und er werde vor ihm die Treppe hinaufgehen. Der Magnat, der von dem ganzen überhebenden Stolz des damaligen schlesischen Hochadels erfüllt war, welcher sich an die Stellung der preußischen Offiziere noch nicht gewöhnen konnte, beschwert sich entrüstet beim Fürsten Hohenlohe, wird aber höflich abgewiesen und zieht es dann vor, keine Genugtuung zu verlangen*).

Wie oben gesagt, mußte der Offizier tadellos erzogen sein, um die bevorzugte Stelle im Staat auch voll und ganz ausfüllen zu können, in gewandtem Benehmen, in peinlichster Wahrung des äußeren Anstandes sollte er allen Ständen vorangehen. Noblesse oblige, diese Forderung bedingte manche Beschränkung der jugendlichen Wünsche, manche lästig empfundene Zurückhaltung.

Alles, was bei den anderen Ständen den Ruf des Offizierkorps schädigen und ihm eine üble Nachrede eintragen konnte, sollte vermieden werden; so warnt der König wiederholt vor liederlichem Lebenswandel, Trunk, Schuldenmachen und Spiel, denn einerseits beeinträchtige dies die Brauchbarkeit des Betreffenden, andererseits schade es dem Ansehen des Standes. Das Reglement von 1779 bringt dies scharf zum Ausdruck. Es wird vor Schuldenmachen, vor „Soff", vor dem Besuch „liederlicher Häuser", vor dem Spiel und dem Umgang mit gemeinen Leuten gewarnt und die Chefs „sollen solche niederträchtige Leute vom Regiment schaffen, weil sie keine gehörige Ambition haben, auch niemals solche bekommen können".

Ferner warnt der König nach dem Hubertusburger Frieden die in ihre Garnisonen zurückkehrenden Offiziere vor „nicht standesgemäßem oder liederlichem Umgang" und einen intimeren Verkehr zwischen Offizieren und Bürgern hält er überhaupt nicht für angebracht, sondern das Offizierkorps soll in erster Linie und hauptsächlich unter sich verkehren.

Mit der Wahrung des Standesansehens schien dem König auch eine bürgerliche Heirat ganz unvereinbar, er hat auch eine solche nie zugegeben. Als ein Herr v. G. für seinen Schwager ein Gesuch einreicht, in welchem er für ihn um die

---

*) Droysen, „Leben York von Wartenburgs".

Erlaubnis bittet, die Tochter eines Oberinspektors heiraten zu dürfen, schreibt der König kurz: „Pfui, wie Er so etwas vorschlagen kann." Ein anderes Mal heißt es: „Ich gebe nicht zu, daß Offiziers sich mit Kaufmannstöchtern verehelichen", oder: „Ich will nicht, daß sich meine Offiziers mit Personen bürgerlichen Standes verheiraten sollen."

Hier sei gleich erwähnt, daß Friedrich der Große, wie früher angedeutet, ein ausgesprochener Gegner der Offiziersheiraten war, besonders solche junger Offiziere gestattete er selten. Er bestimmte, daß einem Offizier nur dann der Konsens erteilt werden soll, wenn er dadurch sein „Fortune" mache.

Zahlreich sind die Orders und Parole=Befehle über das Benehmen der Offiziere bei den verschiedensten Gelegenheiten. Hier seien nur einige solche aus den Berliner Parolebüchern jener Zeit herausgegriffen*).

Eine genaue Anweisung war für das Verhalten im Theater herausgegeben, denn ein Parole=Befehl besagt: „Es ist bei Hauden (Buchhandlung von Haudé) ein gedruckter Zettel zu haben, wie sich die Offiziere in der Komödie aufführen sollen." Hierbei möchte ich bemerken, daß die Offiziere freien Eintritt in die Kgl. Oper hatten, zu der, da alle Anwesenden Gäste des Königs waren, keine Billets ausgegeben wurden und bei welcher man in den Zwischenpausen in der Regel Tee herumreichte. Den Verhaltungsmaßregeln des empfohlenen Zettels scheint aber nicht immer entsprochen zu sein, denn ein Parolebefehl vom Dezember 1754 sagt: „Es soll denen Offiziers gesagt werden, daß sie sich in der Oper auf ihre angewiesenen Plätze setzen und an keinen anderen Ort und daselbst Unordnung verursachen, sonst werden Ihro Majestät der König solchen in Arrest schicken". Ferner im

---

*) v. Witzleben, „Aus alten Parolebüchern der Berliner Garnison zur Zeit Friedrichs des Großen".

Oktober 1781: „Die Herren sollen sich in der Komödie mit dem Auspfeifen nicht abgeben, widrigenfalls sie den härtesten Arrest zu erwarten haben"; und ein Befehl von 1782 verbietet ausdrücklich das Mitbringen von Frauenzimmern in das Theater, besonders solche in die für die Offiziersdamen bestimmten Logen zu bringen; übrigens steht dieser Befehl nicht vereinzelt da.

Die uns häufig komisch anmutenden erziehlichen Ermahnungen und Anweisungen waren demnach durchaus nicht überflüssig, denn wenn solche Dinge sogar sozusagen unter den Augen des Königs vorkamen, da waren doch die heute jedem Offizier selbstverständlichen Regeln für das seinem Stande schuldige Schicklichkeitsgefühl dem damaligen Geschlecht noch keineswegs in Fleisch und Blut übergegangen.

Für die aus Anlaß von Redouten im Theater und Hofgesellschaften erteilten Anweisungen folgende Beispiele: Parolebefehl vom 22.12.1759: „Es soll sich kein Offizier unterstehen, einen Teller, Glas oder Serviette von den Tafeln nach den Logen hinzunehmen oder hinzuschicken" und solcher vom 2.1.1782 „Heute ist Redoute, die Herren Offiziers sollen sich ordentlich darin verhalten". Des öfteren wird befohlen, daß die Offiziere sich in Gesellschaften und besonders bei Hof-Festen gut „conduisieren" und mit „Acuratesse" zu kleiden haben.

Spiel und Schuldenmachen im Verein mit dem Trunk waren jedoch die großen Übel einer idealeren Lebensauffassung und feineren Lebensgenüssen erst wieder entgegenreifenden Zeit und gegen diese Laster kämpfte der große König, mit Ermahnung und wenn diese nicht fruchtete, mit eiserner Strenge. Außerordentlich zahlreich sind in dieser Beziehung die reglementarischen Bestimmungen, Kabinetts-Ordres und -Befehle. Der Offizier soll es als seine Standespflicht betrachten, keine Schulden zu machen. „Wenn sie (die Offiziere) sich aber zu sehr in Schulden verthuen und sich nur zu liederlichen Sachen applizieren und das Gute negligieren, so ist gewiß sein Tage von solchen Leuten kein guter Dienst zu erwarten" besagt eine Ordre an den General von Tauentzien. Im Reglement von 1743 erklärt der König direkt als Vorbedingung für die Stellung als Kompagnie-Chef die Fähigkeit, mit den eigenen Mitteln haushalten zu können; „Und es muß sämmtlichen Offiziers gesagt werden, daß Se. Majestät der festen Meinung sind, daß kein Offizier der Kompagnie gut vorstehen könne, wofern er nicht ein guter Wirth ist, und daß man allezeit findet, daß eine Kompagnie, wovon der Capitän ein Wirth ist, besser im Stande sey, als eine andere, wovon der Capitän kein Wirth ist. Weshalb ein Leutnant oder Fähnrich, welcher ein schlechter Wirth ist und sich nicht selbst corrigirt, niemals eine Kompagnie zu erwarten habe".

Die Offiziere stürzten sich vielfach durch die Leidenschaft des Spielens in Schulden, zumal die bescheidenen Verhältnisse der meisten ihnen diese teure Passion nicht gestattete. Es war durchaus kein gerade dem Offizierstande anhaftendes Laster, denn im 17. Jahrhundert spielte Bürger wie Fürst ganz öffentlich, zumal vornehme Damen lagen ihm leidenschaftlich ob; auch ist dies Jahrhundert vorzüglich das des grenzenlosesten Leichtsinns und eines Lebensgenusses weit über die Verhältnisse hinaus.

Das Spiel wurde wiederholt bei Verlust von Ehre und Reputation verboten, aber dies Übel war, weder durch strengste Strafen, noch durch Ermahnungen, zu beseitigen. In alten Berliner Parolebüchern lesen wir beispielsweise unter dem 9.10.1751: „Es soll kein Offizier sich unterstehen, in die Publique-Häuser und Wirtshäuser zu spielen, solches läßt der König bei seiner Allerhöchsten Ungnade verbieten." Dabei sollten Wirte, welche das Hazardspiel bei sich duldeten, mit 100 Dukaten Strafe belegt werden. Wurde das öffentliche Spiel verboten, wurden die Gelegenheiten dazu strenger überwacht, so tat man es eben heimlich. Dies muß dem König wiederum bekannt geworden sein, denn ein Befehl vom 8.11.1752 besagt: „Es ist Klage bei Ihro Majestät eingelaufen, daß unter denen Offiziers solch groß Spiel ist, daß sie sich sogar einschließen. Sie sollen sich wohl in Acht nehmen, weil man genau Acht darauf haben und exemplarisch bestrafen wird".

Bei dem Mangel an Glücksgütern der großen Mehrzahl und dem auch für jene Zeit recht spärlich bemessenem Gehalt war die Lebenshaltung im allgemeinen eine bescheidene. Durchweg fand in einem Wirtshaus ein gemeinsamer Mittagstisch der Offiziere statt, da es Offizierspeiseanstalten, wie sie heute bestehen, nicht gab. Dieser gemeinsame Mittagstisch ermöglichte wenigstens einen täglichen, geselligen und kameradschaftlichen Verkehr. Bei manchen Regimentern aßen die Offiziere auch bei ihren Chefs. In den meist kleinen Garnisonorten und bei dem Ausschluß jedes Verkehrs mit der Bürgerschaft, war das tägliche Leben der Offiziere recht eintönig. Erst das heranwachsende junge Geschlecht überwand den trotzigen Stolz bewußter Bildungslosigkeit, begann sich mit Eifer den reichen Bildungsmitteln der gewaltig um sich greifenden Aufklärung zuzuwenden und sich so über die Eintönigkeit ihres Daseins zu erheben. Dies Einerlei wurde um so drückender empfunden, als das tägliche Leben und die persönliche Freiheit durch äußere Formen und einengende Bestimmungen erschwert und beschränkt wurde. „Nichts ermüdender, als dieses tägliche, geistlose Einerlei des Exerzierens, der Parole, des kleinen Dienstes, dazu die mürrische Strenge der Chefs, die nie endenden Formalitäten der „Konduite"; kein Spaziergang vor das Tor ohne hin= und hermeldende Gefreite, ohne schriftliche Wachtrapporte; auf Schritt und Tritt war man kontrolliert, bald war dem Vorgesetzten dies nicht recht oder jenes zuviel; mied man es auch, es bis zum Verweise kommen zu lassen, es gab da auf der Parade und an der Tafel des Chefs kalte Blicke und anzügliche Worte, die nicht minder peinlich waren."*)

Die persönliche Freiheit des Offiziers war durch Vorschriften und Befehle für unsere Begriffe ganz unerträglich beschränkt. Wie in der eben angeführten Stelle aus Yorks Leben schon angedeutet, durften die Offiziere nicht das Weichbild der Stadt zu einem Spaziergang verlassen, ohne dies dem Kompagnie-Chef und Kommandeur auf Parole gemeldet zu haben; auch durften nicht zu viel Offiziere auf einmal vor das Tor gehen. In einem Parolebefehl heißt es: „Die Offiziere sollen nicht nach ihrem Belieben zu den Toren hinausgehen, sondern sich vorher bei ihren Chefs und Kommandeurs melden. Dieses soll jederzeit beim Regiment nach Parole geschehen", und „daß die Offiziere bei den Kompagnieen nicht zu viel auf einmal Urlaub nehmen und vors Thor gehen"; es sollen immer zwei bei der Kompagnie sein und sich dazu verabreden. Hierbei muß allerdings in Betracht gezogen werden, daß die Kompagnien wesentlich ausgiebiger mit Offizieren besetzt waren, wie heute.

Doch nicht genug mit der Abmeldung zu einem Spaziergang, man wurde auch noch bei diesem Spaziergang kontrolliert, denn die Torwachen waren angewiesen, „alle Offiziere, so spazieren gehen, melden zu lassen".

Aber auch mit Urlaub sah es traurig aus. Selten, nur bei triftigen Gründen, erhielt der Offizier längeren Urlaub, in der Regel auch nur in den Wintermonaten. Dies beleuchten schon rein äußerlich die Bestimmungen über die Urlaubsbefugnis. Das Reglement von 1763 schreibt vor, daß der Kommandeur oder Chef des Regiments nicht länger als einen Tag, der Inspekteur drei bis vier Tage Urlaub geben dürfe; jeder längere Urlaub müsse der Genehmigung des Königs unterbreitet werden.

---

*) Droysen, „Aus dem Leben York von Wartenburgs"

Bevormundung der Offiziere auch in ihren persönlichen Angelegenheiten war eine ganz selbstverständliche Erscheinung. Es war nicht nur reglementarisch vorgeschrieben, wie oft neue Kleidungsstücke von den Offizieren der verschiedenen Grade angeschafft werden mußten, nein auch durch Parolebefehle ihrer Regimenter wurde eine genaue Kontrolle angeordnet, ob auch nicht der Rock zu alt, die Schärpe zu schlecht usw. sei. „Morgen Nachmittag 4 Uhr," besagt ein solcher, „sollen die Herren Offiziers ihre Schärpen bei dem Oberst v. Königsmark bringen, der sie besehen und sagen wird, ob sie neue nehmen müssen oder nicht; oder sollen sie schicken und ihre Namen einnähen." So im Jahre 1754, aber 1781 war es noch ebenso: „Der Herr Oberst haben gefunden, daß so viele Offiziers keine neue Montierung nehmen, es soll daher jeder Offizier sorgen, im Anfang des Martij mit einem neuen Rock zu erscheinen; wer sich darin nicht ganz sicher weiß, kann es noch eingeben."

Wie hierin, so ging es auch in anderen Dingen. Beispielsweise befahl der König 1748, daß in Potsdam kein Subaltern=Offizier sich mehr als zwei Stuben, eine für sich und eine für seinen Bedienten, mieten solle, da sie sonst zu viel Platz wegnähmen.*)

Daß der König einen Verkehr mit dem Bürgerstande nicht wollte, habe ich schon erwähnt, aber im allgemeinen bedurfte es erst garnicht solchen Verbotes, denn der Offizier sah mit verächtlicher Geringschätzung auf diesen herab. Während er in manchem Feldzug unsägliche Strapazen erduldet und täglich dem Tode ins Angesicht geschaut, hatte der Bürger, vor allem der Städter, der vom Heeresdienste frei, hinter dem warmen Ofen gesessen und höchstens über das schöne Geld geschimpft, das der Krieg verschlang. Schon lange war er dem Kriegshandwerk entwöhnt, weichlich und

---

*) Geschichte des 1. Garde=Regiments zu Fuß.

feige geworden, und so hatte der Hochmut des in hundert Kämpfen erprobten Offiziers, der den Ruhm des Vaterlandes hatte begründen helfen, diesen echten Spießbürgern gegenüber sicherlich seine Berechtigung. Jedoch blieb es nicht bei Anschauungen und Gefühlen, sondern es kam häufig zu wörtlichen und tätlichen Beleidigungen, welche mit der Zeit eine tiefe Kluft zwischen der Bürgerschaft und dem Offizierskorps öffneten und eine Fülle von Haß nährten, der sich dann nach dem Unglück von 1806 in einer Flut von Hohn, Vorwürfen und Verleumdung über das Offizierkorps ergoß. Einige Beispiele werden auch hier am besten erläutert: 1752. „Es soll von jetzt an kein Bürger, der wirklich angesessen ist, in Arrest kommen, und soll kein Offizier, wenn er mit einem Bürger etwas zu tun hat, denselben arretieren lassen, er habe auch gleich das höchste Recht dazu, sondern er soll den Bürger gehörigen Orts anklagen und gewärtig sein, daß ihm Justice widerfahren wird." Dann: 1754. „Es ist Offiziers, Unteroffiziers und Gemeinen anzubefehlen, daß sie keinen Bürger schlagen."

1780. „Der Herr Gouverneur läßt befehlen, daß die Herrn Offiziers nicht gleich den Stock gebrauchen und ihre eigenen Richter sein." Zuwiderhandlungen sollen mit Arrest bestraft werden.

1783. „Da Klagen gekommen sind, daß einige Herrn Offiziers Knechte und andere Leute brutaliter behandelt und gar, wie gestern geschehen, geprügelt haben, so wird solches gänzlich verboten, weil Ihro Exzellenz nicht umhin können, solche Offiziers in Arrest zu setzen."

Etwas sehr Strafbares und Ungehöriges scheinen aber die Vorgesetzten in schlechter und unwürdiger Behandlung von Zivilisten nicht gesehen zu haben, denn die angeführten Befehle, welche noch dazu in der Metropole der Bildung, in Berlin, gegeben wurden, atmen durchaus keine sittliche Ent-

rüstung, sind für jene Zeit der ständig besetzten Offizierarrest=
anstalt sogar sehr milde.

Die Herren Generale machten es bisweilen selbst nicht besser und begnügten sich nicht damit, gewöhnliche Bürger schlecht zu behandeln. Ein Gouverneur von Breslau brachte es fertig, Geheim=Räte des Königs — natürlich waren sie Bürgerliche — mit dem Stock zu bedrohen und sie mit Schlingel und Esel zu titulieren.

Wenn nach alle dem der Offizier ganz außerordentliche Privilegien genoß und allen anderen Ständen gegenüber ge= sellschaftlich eine Stellung einnahm, wie er sie nie vor noch nachher besessen hat, so hinderte das nicht, daß er im Dienst mit einer Strenge behandelt wurde, welche wiederum in keinem Vergleich zu heutigen Verhältnissen steht. Wie die Hand= habung der Disziplin dem Soldaten gegenüber von einer an Grausamkeit grenzenden Strenge, wie alle Strafen verhältnis= mäßig hart waren, so war dies auch bezüglich der Offiziere der Fall. Solches wurde vom König direkt anbefohlen, denn er fordert in einer Ordre von 1748 von den Generalen eine rigoreuse Handhabung der Disziplin, sie sollten „vom ersten Stabsoffizier zum letzten Musketier nichts übersehen, sondern durchgreifen." Schon im Reglement von 1743 hatte er von den Stabsoffizieren verlangt, daß sie die Offiziere „mit der größten Schärfe zu ersinnlicher Acuratesse im Dienst an= halten" sollten.

So ist denn die Bestrafung von Offizieren mit Arrest etwas alltägliches und so häufig angewandtes, daß man kaum versteht, wie dabei der Geist des Offizierkorps keinen Schaden gelitten hat. Der Offizier wurde wegen der kleinsten Ver= sehen oder Exerzierfehler vom Fleck aus in Arrest geschickt und fand auf der Hauptwache meist schon eine ganze Anzahl von Leidensgenossen. Man nahm sich solche Strafe nicht sehr zu Herzen und häufig mußten Parolebefehle gegen ein allzu fröh= liches und ausgelassenes Treiben in den Arrestlokalen ergehen

Während das Ansehen des Offiziers sonst auf das peinlichste gewahrt werden sollte, wie man überaus empfindlich im Punkte der Ehre war, ist doch die Art, in der solche Arreststrafen zur Ausführung kamen, eine direkt unwürdige und mit dem Standesbewußtsein geradezu unverträgliche. Es war etwas ganz gewöhnliches, daß ein beim Exerzieren mit Arrest bestrafter Offizier von 1 Unteroffizier und 2 Mann zur Wache abgeführt wurde. Etwas demütigerendes für den Offizier, etwas sein Ansehen bei den Leuten schädigerendes können wir uns nicht vorstellen. Und doch scheint jene Zeit nichts darin gefunden zu haben.

Aber auch über dem Kompagnie-Chef, der die Befugnis hatte, seine Offiziere vom Fleck aus in Arrest zu schicken, schwebte beständig das Schwert des Damokles. Wenn er auch nicht so häufig wie die Leutnants das Arrest-Lokal aufsucht, so wird er doch wenigstens fort und fort mit Arrest bedroht. Es gibt nichts in seiner Kompagnie, wofür er nicht verantwortlich gemacht wurde, und stets schließen sich mit einer niederschmetternden Gleichmäßigkeit die Worte daran: „sonst kömmt selbiger in Arrest." Als eins aus hunderten von Beispielen möge folgendes dienen: „Wenn künftig ein Kerl im Zuge nicht ordentlich marschiert, so kommt der Kommandeur in Arrest, dieweilen solche sorgen müssen, daß ihre Leute dressiert sein."

Ganz besonders streng war man auch Offizieren gegenüber bei Vergehen oder auch nur Versehen im Wachtdienst. Wenn ein Offizier das erstemal darin etwas versieht, soll er mit 4 Wochen Arrest, das zweitemal aber mit 2 Monaten Festungshaft und dem Verlust der halben Gage bestraft werden.

Der Dienst wurde mit großer Strenge und Pünktlichkeit gehandhabt, wenn auch die Anforderungen sowohl in bezug auf Länge und Mannigfaltigkeit desselben, wie auch auf körperliche Anstrengungen durchaus nicht den unserigen zu ver-

gleichen sind. Ganz abgesehen davon, daß von unseren Marsch=
leistungen besonders im Frieden nicht die Rede war, stand
auch dem Subaltern=Offizier für solche Zwecke ein Pferd zur
Verfügung, denn es würde nach damaligen Auffassungen der
Würde des Kavaliers nicht entsprochen haben, zu Fuß im
Schweiße seines Angesichts auf der Landstraße einherzuziehen.

Der Taktik des 18. Jahrhunderts entsprechend bestand
der Dienst ja hauptsächlich im Exerzieren, welches allerdings
bei der Fülle der Bewegungen, der verlangten Präzision der
Ausführung und der Unzahl der Griffe, eine bei weitem
schwerere Kunst, wie heute darstellte. Es erforderte vom
Offizier eine mühsame und sorgfältige Kleinarbeit, die große
Gewissenhaftigkeit bedingte und wenig Abwechselung bot.
Schießdienst in unserem Sinne gab es nicht und auch der
Felddienst befand sich, durch Friedrich den Großen begründet,
doch noch in den Kinderschuhen. Mithin bot der Dienst dem
Offizier wenig für Geist und Phantasie, eintönig zeigte er
fast Tag für Tag dasselbe Gesicht.

Gefürchtet waren die durch den König in jedem Jahre
abgehaltenen „Revuen", denn Friedrichs scharfem Auge ent=
gingen auch die kleinsten Fehler nicht und er war mit zu=
nehmenden Jahren von einer aller Beschreibung spottenden
Rücksichtslosigkeit und Strenge, es hagelte jedesmal Strafen,
Strafversetzungen und Verabschiedungen in der schroffsten
Form. Das „schert Euch zum Teufel" seines Vaters wurde
womöglich noch überboten und vom jüngsten Leutnant bis
zum alten in vielen Schlachten erprobten und in Ehren er=
grauten General zitterte man vor diesen Besichtigungen. Der
Ton auch der schroffsten unter den Vorgesetzten pflegte, je
näher die Revue kam, ihren Untergebenen gegenüber milder
und milder zu werden, und bezeichnend ist es, wie der General
von Lucke seinem Offizierkorps die Festsetzung der Revue
jedesmal mit dem Hinzufügen bekannt machte: „Daß der
allmächtige Gott den Anfang und das Ende zum besten

wenden möge".*) Bekannt ist auch das damals im Schwange befindliche Wort, „man gehe leichteren Herzens zur Bataille, als zu einer Revue vor dem Könige".

Es pflegt gemeinhin die Anschauung zu bestehen, daß die Behandlung der Leute durch ihre Offiziere durchweg und vom König stillschweigend geduldet eine ganz unwürdige und raffiniert grausame gewesen, Belehrung und Erziehung solle allein durch den Stock vermittelt worden sein. Dem ist nicht so. Im Gegenteil verbieten zahlreiche königliche Verfügungen unter Androhung harter Strafen die Mißhandlung der Soldaten und Generale und Inspekteure wenden sich gegen solche Unsitte. Nur bei direkten Widersetzlichkeiten ist das „Fuchteln" erlaubt und nur in Gegenwart des Kapitäns, der bei jedem Exerzieren und Nachexerzieren persönlich anwesend sein soll, darf dies geschehen. Es heißt in einem Befehl darüber „es muß kein Kerl exerzieren, wo der Kapitän von der Kompagnie nicht dabei ist, alsdann, wenn ein Kerl raisoniert, oder tückisch ist, 2 bis 3 Patronen einladet, alsdann muß er gefuchtelt werden, aber mit Maßen".**)

Ich greife hier einige Ordres und Befehle heraus, die das oben gesagte beweisen.

Vom Könige wurde bestimmt: „Zu dem Ende soll kein Offizier sich beykommen lassen, einen Soldaten mit Faustschlägen in's Gesicht, noch auch mit Stockschlägen auf die Schienbeine und Länden, oder mit anderen unanständigen Strafen und Ausdrücken zu mißhandeln"; widrigenfalls sollen sie das erste und zweitemal auf Festung geschickt, im dritten Falle kassiert werden. Und in einer Ordre vom 1750 sagt er: „Beim Exerzieren muß keiner geschlagen, noch gestoßen, noch geschimpft werden, mit Geduld und Methode lernt ein Kerl exerzieren, mit Schlägen nicht."

---

*) Droysen, „York von Wartenburg".
**) Geschichte des 1. Garde-Regiments zu Fuß.

Wie sich diese Anschauung auch auf die Vorgesetzten übertragen hat, zeigt folgender Parolebefehl von 1783: „Es wird nochmals erinnert, daß kein besoffener Kerl, so wenig vom Offizier, noch weniger vom Unteroffizier geschlagen werden soll"; ferner Möllendorfs Worte, mit denen er als Gouverneur von Berlin 1783 sich gegen das Schimpfen im Dienst wendet: „Ihro Majestät der König haben keine Schlingel, canailles, racailles, Hunde und Grobzeug im Dienst, sondern rechtschaffene Soldaten,*) welches wir auch sind, nur blos, daß uns das zufällige Glück höhere Charaktere gegeben hat. Denn unter den gemeinen Soldaten sind viele so gut als wir und würden es vielleicht manche noch besser als wir verstehen. Ein jeder Offizier sollte sich freuen, ein Anführer ehrliebender Soldaten zu sein, das ist er aber nicht, wenn er diejenigen, deren Befehlshaber er ist, unter eine so geringe Rasse von Menschen heruntersetzt."

Zwei originelle Befehle, die die Stellung der Offiziere im Dienst, sowie die ungenierte Art, sie in Parolebefehlen so zu sagen an den Pranger zu stellen kennzeichnet, mögen hier noch Platz finden. Beide sind im Jahre 1780 in Berlin gegeben und lauten: „Wenn sich die Herren Offiziers nicht besser applicieren und regelmäßiger mit dem Esponton exerziren, so werden solche jedesmal, wenn draußen exerzirt wird, durch einen Stabsoffizier exerzirt werden"; und: „Einige Offiziers und die meisten Unteroffiziers vom Regiment müssen sich durchaus abgewöhnen, wenn sie Züge führen, daß sie nicht so viel mit die Hände wehen. Die Herren Offiziers so heute gewehet haben, möchten sich selbst korrigiren und ins künftige bessern".

In bezug auf ihre Bekleidung, waren die Offiziere in einer uns geradezu unerträglich scheinenden Weise überwacht. Daß ihnen vorgeschrieben war, wie lange sie einen Rock oder ein Portepee zu tragen hatten und daß sie zu dem Zweck

---

*) Von Witzleben, „Aus alten Parolebüchern pp."

ihrer Kleidungs- und Ausrüstungsstücke auf Abgetragenheit hin nachsehen lassen mußten, habe ich schon erwähnt. Aber nicht genug damit, es wurde ihnen häufig befohlen, einen guten Anzug auf Kammer abzugeben, bei dieser oder jener Gelegenheit mit einem neuen Anzuge zu erscheinen oder sie wurden angewiesen, zu bestimmter Zeit zum Regiments-Schneider zum Anpassen von Sachen zu gehen. „Die Herren, so sich noch nicht Maaß nehmen lassen, sollen beim Schneider Noack gehen", oder „Die Herren Offiziers können ihre Hüte aufpassen, und wer eine neue Schärpe haben will, kann sich bei Zeiten melden." Dabei mußten die Offiziere ihre Bekleidung aus eigener Tasche bezahlen und bekamen sie nicht etwa geliefert, wie diese Befehle glauben lassen möchten.

Schon unter Friedrich dem Großen bestand die Einrichtung der Kleiderkasse, zu welcher den Offizieren von ihrem Gehalt monatliche Abzüge gemacht wurden. Aus der ganzen Art, wie die Beschaffung und Überwachung des Anzugs der Offiziere geregelt war, sieht man, daß die Bestimmungen darüber ursprünglich ganz dem in bezug auf die Mannschaft angewandten Verfahren entsprach. Denn auch den Stoff für die Kleider lieferte der Regiments-Quartiermeister und Anfertigung scheint im allgemeinen der Regiments-Schneider besorgt zu haben.

Die Neigung zuwider den gegebenen Vorschriften, die Uniformstücke stets den neuesten Moden anzupassen, hat damals ebenso wie heute, bestanden, vielleicht nahm sie noch groteskere Formen an. Es wurden Westentaschen von solch unförmlicher Größe getragen, daß darin Schärpenquasten, Tabaksdose und Stulpenhandschuhe, wie sie damals vorgeschrieben waren, Platz fanden. Besonders vom Modeteufel Geplagte trugen Zöpfe von solcher Länge, daß sie bis zur Erde reichten und beim Exerzieren in die Rocktasche gesteckt wurden. So heißt es auch in einem gegen die Modeausschreitungen sich richtenden Parolebefehl: „Der Herr General lassen befehlen, daß die Offiziere so gut sein und sich in ihrem Anzug so tragen, wie es beim Regiment gebräuchlich, besonders mit den Haaren und keiner mit solcher Capuciner-Frisur, wie der Leutnant von Zastrow 3 erscheint".

Änderungen in der Uniform waren für die Offiziere recht kostspielig, denn ein Auftragen alter Muster kannte man nicht.

Die Regierungszeit Friedrich des Großen bildet den Höhepunkt der Entwickelung des Offizier-Korps vor dem Zusammenbruch von 1806 und der darauf folgenden Reorganisation. Das Gefühl für Ehre und Pflicht, wie es der große König und sein Vater demselben eingeflößt hatte, war einer Steigerung nicht mehr fähig; wäre es in dieser Höhe erhalten worden und hätte es nicht durch die human verweichlichenden Anschauungen der letzten Jahrzehnte des 18. Jahrhunderts und unkriegerische des Ruhms entbehrende Zeiten gelitten, so wäre so manches nicht möglich gewesen, was 1806 von preußischen Offizieren geschah. Solche Auffassung der Pflicht, wie wir sie durch General von Rohdich vertreten sehen, war nicht vereinzelt in Friedrichs Armee. Dieser als Mensch wie als Offizier gleich achtenswerte General sagte kurz vor seinem Tode, als 76 jähriger Greis, an das Krankenbett gefesselt zu seinem Arzte: „Ich weiß wohl, daß ich nicht lange mehr zu leben haben werde, da ich aber in meinem jetzigen Zustande dem Staate doch nichts mehr nützen kann, so hat dies Leben auch keinen Wert mehr für mich".

Und doch hätte dies Offizierkorps in seiner Zusammensetzung, wie Erziehung, auch ohne den Zusammenbruch von 1806 sich den seit Ende des 18. Jahrhunderts ganz veränderten Verhältnissen, in taktischer Beziehung wie als Erzieher des Volkes nicht mehr gewachsen gezeigt und eine gründliche Umgestaltung gefordert. Daß man in bezug auf das Offizierkorps fest am alten klebte, das war einer der Hauptfehler, welche 1806 verschuldet haben.

Wenn Friedrich der Große seinen Offizieren eine einzigartige soziale Stellung im Staate gab, so ist das sehr verständlich, denn sie hatten ihm geholfen, das Vaterland aus den schwersten von allen Seiten drohenden Gefahren 7 Jahre hindurch in nie erlahmender Pflicht= und Königstreue zu retten.

Solche Privilegien, wie die Erlaubnis für den jüngsten Leutnant, sich in seinen Wünschen und Beschwerden persönlich an die Person des Königs wenden zu dürfen, gaben dem Offiziere eine ganz einzige Stellung auch in disziplinarer Beziehung.

Die bevorzugte Stellung, von den Waffengefährten einer großen Zeit erdient, mußte ihren Nachfolgern, die solcher Verdienste entbehrten, zu Kopfe steigen und sie gegen die übrigen Stände hochmütig und unduldsam machen. Diese wiederum mochten Leuten, deren Wert und Tüchtigkeit sich erst noch zeigen sollte, eine derartige Stellung nicht zuerkennen. So bildete sich allmählich ein scharfer Gegensatz zwischen dem Offizierstande und dem Volke, besonders zwischen ihm und dem an Bildung und Wohlhabenheit immermehr wachsenden Bürgerstande.

In dieser Entfremdung von der Masse der Nation hätte das in bald veralteten Vorurteilen und Traditionen befangene friedericianische Offizierkorps niemals der Erzieher und Führer des Volkes in Waffen werden können, es bedurfte dazu einer wesentlichen Umgestaltung und diese hat der ewig waltende Geist der Geschichte, ich möchte sagen gewaltsam, herbeigeführt.

Doch ehe es dazu kam, müssen wir noch einen Zeitraum betrachten, den ich trotz des Festhaltens an den äußeren Einrichtungen als den des Verfalles der friedericianischen Traditionen bezeichnen möchte.

3. Kapitel.
Die Verflachung friederizianischer Tradition und die Ursachen des Zusammenbruchs von 1806.

Die Regierungszeit Friedrich Wilhelms II. und III. bis zum Jahre 1806 stellen zweifellos einen Niedergang der Entwickelung des Offizierkorps dar, denn Stillstand bedeutet auch hier Rückgang, besonders in einer Zeit, die auf fast allen Gebieten eine rapid schnelle Entwickelung, eine vollständige Umgestaltung aller Anschauungen und Verhältnisse hervorrief. Die bisherige Staatsform, der aufgeklärte Absolutismus, blieb zwar äußerlich noch lange Zeit in Preußen bestehen, jedoch seine Grundlagen waren bereits seit dem letzten Drittel des 18. Jahrhunderts stark erschüttert, denn die Masse der Gebildeten und ein großer Teil des Volkes glaubte nicht mehr an seine kulturelle und politische Notwendigkeit. Auf dieser Staatsform beruhten wesentliche und grundlegende Einrichtungen des Offizierkorps, welche dasselbe nun mehr und mehr vom Volke trennten und damit auch seine Stellung dem Soldaten gegenüber untergruben.

Es ist hierbei auch nicht zu unterschätzen, daß das Offizierkorps seit der zweiten Hälfte der Regierung Friedrichs des Großen nicht mehr ein rein nationales war. Wie erinnerlich, hatte man zur Füllung der durch den 7jährigen Krieg gerissenen großen Lücken, welche der dezimierte Adel des Landes nicht mehr ausfüllen konnte, eine große Zahl von

Nicht-Preußen eingestellt. Diese Fremblinge brachten Sitten und Anschauungen mit, die nicht mit der altpreußischen Pflichttreue und Einfachheit übereinstimmten und ihren nachteiligen Einfluß auf Lebenshaltung und Pflichtauffassung bei einem großen Teil des Offizierkorps leider nicht verfehlten.

So blieb es denn nicht allein bei dem gefährlichen Stillstand, sondern es kam an manchen Stellen zum direkten Rückschritt.

Friedrich Wilhelm II. blieb dies keineswegs verborgen, wie schon aus dem bereits im Wortlaut angeführten Befehl vom 17. Februar 1787 ersichtlich ist, und er hat auch weiterhin sich gegen die eingerissenen Übelstände gewandt. Aber, wie in allen übrigen Dingen fehlte es ihm zwar nicht an dem besten Willen, Wandel zu schaffen und die Armee auf ihrer ruhmvollen Höhe zu erhalten, wohl aber an nachhaltiger zäher Energie und stets sich gleichbleibendem Interesse.

Beraten von den alten Generalen des großen Königs, die fast ausnahmslos in den Traditionen der friederizianischen Zeit fest befangen waren, entschloß er sich, trotzdem ihm selbst die Pläne jüngerer und freier denkender Offiziere einleuchteten, mochten, doch nicht zu ernstlichen Reformen im Heerwesen.

In kleinen Dingen traf er nützliche Änderungen und suchte auch manche Anschauungen im Offizierkorps und über den Offizierstand einer Verbesserung zu unterziehen, aber es wären eben große Umwälzungen und ein entschlossenes Brechen mit alten Traditionen notwendig gewesen, um dem Offizierkorps unter den sich ändernden Zeitumständen den ersten Platz zu wahren. Mit Friedrich des Großen Ableben, war auch seine Zeit ins Grab gesunken, das wollte man nicht merken, dagegen verschloß man sich absichtlich, bis eine traurige Katastrophe den Schläfern die Augen gewaltsam öffnete und sie zu neuem Leben erweckte.

Schon 2 Jahre nach des großen Königs Tode wurde ein neues Reglement herausgegeben, das, wie damals üblich, gleichzeitig eine ausführliche allgemeine Dienstanweisung, alle weiteren Vorschriften erübrigte. Dies Reglement gibt uns die meisten das Offizierkorps betreffenden Neuerungen dieses Zeitabschnitts und möglichst an seiner Hand will ich sie zu schildern versuchen; nur wenige andere Angaben werden nötig sein, um das Bild zu vervollständigen.

Es blieb bei dem Grundsatz, daß allein der Adel das Vorrecht habe, Offizier zu werden. Nur das, was Friedrich II. auch schon in seltenen Fällen getan hatte, nämlich aus dem Unteroffizierstande heraus zum Offizier zu ernennen, bekommt eine wenig geänderte reglementarische Form. Der Art. 3 des Titels IV gestattet auch Feldwebel und Sergeanten zu Offizieren vorzuschlagen und zwar bei „vorzüglich guten Eigenschaften und Meriten", sie dürfen nie „Offizier-Burschen" gewesen sein „auch nicht durch Unsittlichkeit ihrer Ehefrauen oder Kinder sich verächtlich gemacht haben".

Diese Bestimmung war wohl hauptsächlich getroffen worden, um die Möglichkeit zu geben, im Dienst ergraute Unteroffiziere durch Ernennung zum Offizier eine verdiente Auszeichnung zu Teil werden zu lassen, und bedeutet daher mit Nichten eine Durchbrechung des alten Prinzips.

Das Avancement verlangsamte sich mehr und mehr, denn man wich nicht von dem friederizianischen Grundsatz, der Offizier müsse so lange dienen, als es seine Kräfte nur irgend gestatteten. Nebenbei sprach die falsch angebrachte Sparsamkeit mit, welche alle Kräfte bis zum äußersten ausnutzen und möglichst nichts für Leute zahlen wollte, die dem Staat keine Dienste mehr leisteten. So waren denn namentlich die Kapitäns und Stabsoffiziere im allgemeinen unverhältnismäßig alt, wenn auch die 60jährigen Stabsoffiziere, die 70jährigen Obersten und 80jährigen Generale nicht etwa die Regel bildeten.

Den materiellen Wohlstand zu heben und dem in außerordentlicher Weise sich mehrenden Fällen des Schuldenmachens entgegen zu arbeiten, war das Bestreben Friedrich Wilhelm II.

Er suchte dies durch eine Gehaltsaufbesserung zu erreichen, die wenn auch nicht wesentlich, so doch namentlich für die bisherigen Stiefkinder des Glücks, die Stabs-Kapitäns, Leutnants und Fähnriche, fühlbar war. Das Reglement von 1788 setzte für die Chargen vom Kapitän abwärts folgende Gehaltssätze fest:

   Der Kapitän an Traktament monatlich 66 Taler 16 Groschen und einschließlich Unkosten, Werbe- und Gewehrgeldern 131 Taler 1 Groschen, 8 Pfennige,

  der Stabs-Kapitän monatlich 15 Taler 18 Groschen, ebenso der Premierlieutenant,

  der Sekond-Lieutenant monatlich 13 Taler, ebenso der Fähnrich.

Dem Etat schließen sich die Worte an: „Nach diesem festgesetzten erhöhetem Etat erwarten nun auch Allerhöchstdieselben um so mehr mit Gewißheit, daß sämmtliche Offiziere sich in diesem vor Schulden hüten usw."

Die Einkünfte der Kapitäns als Kompagnie-Chefs müssen als außerordentlich hoch bezeichnet werden, das eigentliche Traktament ist höher gesetzt, fast um 20 Taler und machte sie so unabhängiger von dem wechselnden Einflüssen des Urlaubersystems. Es blieben ihnen aber sicherlich in Friedenszeiten ganz erhebliche Überschüsse aus den Unkosten pp., wenn auch schon ein Erlaß von 1787 die bisherigen Gewohnheiten darin wesentlich einschränkte. Dieser Erlaß des Ober-Kriegs-Kollegiums verbot von den zum Exerzieren eingezogenen Beurlaubten Geld für kleine Montierungsstücke einzuziehen, wie es bisher allgemein geschehen war. Es wurde genau festgesetzt, was der Beurlaubte alle Jahre an Montierungsstücken zu fordern habe. Immerhin blieb den Kompagnie-Chefs nach der aufgestellten Berechnung noch für jeden Beurlaubten 2 Taler 7 Groschen 9 Pfennige.*)

---

*) Geschichte des Ersten Garde-Regiments zu Fuß.

Wir sehen, so klar der König die Schäden in der Besoldung der Kompagnie-Chefs erkannte, so groß ihm die Gefahr der schwankenden Einnahmen aus dem Urlaubersystem erschien, er entschloß sich doch nicht zu einer durchgreifenden Reform, sondern suchte mit kleinen Mitteln zu helfen.

Aber wichtiger als diese kleinen Gehaltsaufbesserungen war für das Offizierkorps eine wirklich einschneidende Änderung der bestehenden Verhältnisse. Zum erstenmal wird durch Friedrich Wilhelm III. 1788 die Pensionierung gesetzlich geregelt und dem Offizier ein gesetzlicher Anspruch auf eine Invalidenpension zuerkannt. Bei den beschränkten Mitteln des Staates jedoch wurden die Offiziere selbst zur Aufbringung der Pensionsgelder herangezogen. Dies geschah durch monatliche Abzüge vom Gehalt, die sich nach der Höhe des Dienstgrades richteten; einem Obersten als Chef eines Regiments wurden beispielsweise 2 Taler 12 gute Groschen, einem Kompagnie-Chef 1 Taler, einem Sekondleutnant 3 gute Groschen abgezogen. Anspruch auf Invalidenwohltaten hatte jeder Offizier nach zwanzigjähriger Dienstzeit und in dem Falle, daß er infolge des Dienstes invalide wurde, schon vor Erreichung dieses Zeitpunkts. Wenn der Betreffende nicht etwa eine Zivilversorgung erhielt, bekam beispielsweise der Generalmajor jährlich 1000 Taler Pension, der Oberst 600 Taler, der Kapitän 250—300 Taler und der Subaltern-Offizier 72—96 Taler Pension.

1792 begründete Friedrich Wilhelm II. die Offizier-Witwenkasse; und zwar übernahm der König die Zahlung der Pension für Witwen im Krieg gefallener Offiziere auf die Königliche Kasse, während die verheirateten Offiziere durch monatliche, nach Altersklassen abgestufte Beiträge ein Anrecht auf Witwenpension für ihre Frauen erhielten.

Für die Weiterbildung der Offiziere wirkte Friedrich Wilhelm II. wie sein Nachfolger im friederizianischen Sinne. Äußerlich dokumentiert sich dies durch Errichtung neuer

Lehranstalten bei Beibehaltung der Garnison=Schulen. 1788 wurde eine Ingenieur=Akademie, 1791 eine Artillerie=Akademie und 1798 die Inspektion für das Militär=Bildungswesen errichtet. Diesem Streben kam immer mehr und mehr der Geist der Aufklärung zu Hilfe, der sich auch im Offizierkorps ausbreitete. Ob dies immer zum Nutzen desselben geschehen ist, erscheint sehr zweifelhaft, denn die Aufklärung brachte mit großem Bildungsstoff und Anreiz des Bildungstriebes auch all die verweichlichend humanen Ideen und Glaubenssätze seiner Hauptvertreter mit sich, und diese verfehlten nicht ihren Eindruck auf die zur Überschwenglichkeit neigenden Kinder jener Zeit.

Und doch möchte ich den Nutzen, den sie gebracht hat, höher anschlagen. Jeder ist Kind seiner Zeit und ohne die großen Anregungen, welche sie mit sich bringt, schwingt sich selten ein Auserwählter zur Sonne; ohne sie wären die großen Führer und Organisatoren, welche uns zum Heile des Vaterlandes nach 1806 erstanden, nicht das geworden, was sie uns gewesen sind. Sie fußen in dieser Zeit und haben in ihr die großen Ideen eingesogen, welche später verwirklicht wurden. Sehr wahr heißt es über die Folgen der allgemeiner und freier werdenden Bildung in dem schon angeführten „Leben Yorks" von Droysen: „Man war nicht mehr blos aus Gewohnheit streng im Dienst, dem König treu, der erste Stand; es begann sich das Bewußtsein darüber eine Doktrin zu bilden". Gerade dies mit „Bewußtsein" handeln ist von ungeheurer Wichtigkeit für unsere Entwicklung geworden und bildet heute noch die große Kluft zwischen dem deutschen und einem großen Teil des russischen Offizierkorps in ähnlichem Sinne, wie zwischen dem friederizianischen in seiner großen Mehrzahl und dem der Freiheits=kriege.

Doch wieder zurück zum Reglement von 1788. In bemerkenswerter, wenn auch ähnlicher Weise wie sein Vor=

gänger, spricht er sich über den Punkt Ehre und ihre Wahrung aus. Art. 10 besagt, daß wenn ein Offizier „über irgend eine Dienstangelegenheit mit scharfen Worten getadelt oder zurechtgewiesen wird", unter keinen Umständen von dem Vorgesetzten Satisfaktion fordern „und sich mit ihm herumschlagen darf". Die Strafen für dies Vergehen sind von derselben Strenge, wie im Reglement von 1748; aber nicht genug hiermit, „Sr. Majestät wollen auch die, um sich an dem Vorgesetzten für einen Verweis zu rächen, gesuchten Händel als subordinationswidrig ansehen und bestrafen lassen". Wegen einer Beleidigung im Dienst soll sich der Offizier vielmehr um Genugtuung an den höheren Vorgesetzten wenden und sie nicht etwa unmittelbar von dem Beleidiger fordern; handelt es sich um „ungeziemende Ausdrücke" eines Vorgesetzten, so ist nach Art. 10 dieses Titels eine Beschwerde angängig.

Im allgemeinen verfeinert sich der Ehrbegriff und das Reglement bringt es zum Ausdruck, daß nicht nur peinliche Wahrung der eigenen Ehre den wahren Ehrenmann ausmache, sondern daß auch Achtung vor der Ehre des anderen ihn kennzeichne. Es wird da vor übler Behandlung von Untertanen, „falls es auch nur der geringste wäre", gewarnt, denn dies bedeute ein „sich selbst herabsetzen". Es hat diese Auffassung sich in der Armee auch schnell verbreitet, denn beispielsweise verlangten die Offiziere eines Regiments auf dem Rückzuge nach Lübeck 1806 die Entfernung zweier Kameraden aus der Armee, weil sie ihre Quartierwirte gemißhandelt hatten; solchem Wunsche ist auch stattgegeben worden.

Der Titel VIII des Reglements handelt von den Duellen und es zeigt sich hier eine der unsrigen ganz entgegengesetzte Auffassung. Während wir in der peinlichen Wahrung der Form, in genauen vorherigen Festsetzungen, die alleinige Möglichkeit sehen, einen Ehrenhandel standesgemäß auszutragen, ist hier gerade das Gegenteil der Fall. „Duelle oder Zweikämpfe, welche nach vorheriger Verabredung der Zeit, des Orts und der dazu gebrauchten Waffen mit Degen oder Pistole unternommen werden sollen, bleiben schlechterdings den Offizieren untersagt". Greift dagegen der Beleidigte gleich in der ersten Hitze zum Degen, um sich Genugtuung zu verschaffen, besonders wenn „die Beleidigung als erheblich befunden", der Betreffende kein „gewohnheits= mäßiger Händelsucher" ist und es auch tut, um sich keiner „Lacheté schuldig oder verdächtig zu machen", so soll er straffrei ausgehen; übrigens wird hier derselbe Grundsatz, wie er oben gekennzeichnet wurde, zur Geltung gebracht, denn der Beleidiger, also der leichtsinnige Gefährder anderer Ehre, soll auch in diesem Falle bestraft werden.

Der Ehrenmann kann eine Beleidigung nur in ehrlichem Zweikampf mit der Waffe austragen, das erhebt eben den wirklich gebildeten und anständigen Menschen über die rohe Masse, die mit Knütteln und Fäusten ihre Rache befriedigt. „Von den Offizieren, die pflicht= und standesgemäße Ambition besitzen, ist nicht zu besorgen, daß sie gegeneinander bey ihren Streitigkeiten oder Beleidigungen des Stockes sich be= dienen werden", geschieht so etwas, so sollen die Täter „infam cassiert" werden.

Da sich Spiel und Trunk an und für sich nicht mit der wahren Ehre und dem gebotenen Anstandsgefühl des Offiziers vertragen, so sollen auch Duelle als Folgen solcher Ausschreitungen, besonders wenn letztere bei den Betreffenden zur „lasterhaften Gewohnheit" geworden sind, doppelt schwer bestraft werden.

Um den richtigen Geist der Pflicht, der Ehre und des Gehorsams im Offizierkorps stets wach zu erhalten, befiehlt auch Friedrich Wilhelm eine ständige und strenge Über= wachung der jüngeren durch die älteren Kameraden, vor allem durch die Stabsoffiziere. Wie Friedrich der Große, hält auch er einen persönlichen außerdienstlichen Verkehr der höheren Vorgesetzten insonderheit mit den Subaltern-Offizieren zu diesem Zwecke für besonders dienlich; sie sollen zur Abwendung „aller unanständiger und übler Lebensart" und um ihnen sowohl „Moralität" als auch Anregung zu „mehrerer Ausübung" ihres „Metiers" zu geben, außer Dienst mit ihnen verkehren und sie zu sich bitten.

Hinwiederum sollen die Stabsoffiziere aber strengstens darauf achten, daß die jüngeren Offiziere nie die ihnen schuldige Ehrerbietung auch außer Dienst vergessen und solche größere Vertraulichkeit mißdeuten. In einem Artikel des 11. Teils heißt es darüber: „Da auch hin und wieder, und besonders bei jungen Offizieren, der falsche Wahn obwaltet, als hätten die Stabsoffiziere nur alsdann zu befehlen, wenn sie unterm Gewehr und im wirklichen Dienst begriffen sind.... ihre übrige Konduite ginge sie daher nichts an," sie könnten außer Dienst „die schuldige Achtung außer dem Auge setzen," so gestattet dies der König durchaus nicht, sondern befiehlt, daß sie sich außer Dienst, wie im Dienst gegen diese zu verhalten hätten und wenn sie sich dagegen vergingen, sofort in Arrest geschickt werden sollten.

Den Regiments-Kommandeuren liegt es im besonderen ob, die ganze außerdienstliche Lebenshaltung zu überwachen. „Den Chefs und Kommandeuren der Regimenter liegt es ob, scharf darauf zu sehen und darüber zu halten, daß die Offiziere in den Garnisonen keine Exzesse begehen, die Bürger oder ihre Wirte nicht übel behandeln, keine Schulden machen, sondern sich so einrichten, daß sie mit ihrem Traktament auskommen." Bezeichnend für die schon charakterisierten damaligen Verhältnisse ist es, daß die Warnung vor übler Behandlung von Bürgern besonders hervorgehoben werden muß.

So nützlich und gut alle diese Vorschriften waren, so sehr sie das Bestreben zeigen, das Offizierkorps in dem für jene Zeit mustergültigen friederizianischen Anschauungen zu erhalten, so griff doch ein dünkelhafter, überhebender Geist bei Alt und Jung mehr und mehr um sich. In den vom Generalstab in den Beiheften zum Militär-Wochenblatt von 1854/55 veröffentlichten Abhandlungen über die Reorganisation der Armee nach dem Tilsiter Frieden heißt es darüber: „Die Mehrzahl der Offiziere war unwissend, voll Dünkel und Anmaßung, bei andern die Bildung einseitig und fast nirgends zeigte sich Teilnahme und Aufmerksamkeit für das Fremde, Würdigung der neuesten kriegerischen Erfahrungen." General von Müffling, allerdings in seiner übertriebenen Selbstschätzung kein vollständig einwandfreier Zeuge, sagt, daß es in der damaligen Armee vom General bis zum Fähnrich Brauseköpfe ohne Zahl gegeben habe, welche glaubten, daß ein aufbrausendes und brutales Wesen zu den von Friedrich dem Großen gewünschten militärischen Eigenschaften gehöre und fährt fort: „Es galt damals die Regel, welche jedem jungen Offizier unaufhörlich wiederholt wurde, nicht allein (wie man es damals nannte) determiniert antworten, sondern überhaupt antworten, ohne sich einen Augenblick zu besinnen, ob die Antwort eine richtige oder falsche sei. Friedrich der Große habe nie eine als Antwort schnell ausgesprochene Lüge getadelt." Solche Lehren mußten natürlich ein naßforsches Wesen noch mehr befördern und gleichzeitig leichtfertige und oberflächliche Auffassung der Dinge unterstützen.

Kein Wunder, daß das Auftreten der Offiziere den andern Ständen gegenüber immer anmaßender wurde und es häufiger königlicher Ermahnungen bedurfte, um solches Wesen einzudämmen. Jedoch zeigt sich jetzt schon eine von der friederizianischen grundverschiedene Auffassung über die dem Offizier im Staate gebührende Stellung. Friedrich Wilhelm III. sagt in einer Ordre vom 1.1.1798: „Ich habe sehr mißfällig vernehmen müssen, wie besonders junge Offiziere Vorzüge ihres Standes vor dem Zivilstande behaupten wollen. Ich werde dem Militär sein Ansehn geltend zu machen wissen, wenn es ihm wesentliche Vorteile zu Wege bringt und das ist auf dem Schauplatz des Krieges, wo sie ihre Mitbürger mit Leib und Leben zu verteidigen haben; aber im übrigen darf sich kein Soldat unterstehen, wes Standes und Ranges er auch sei, einen Meiner Bürger zu brüskieren; sie sind es, nicht Ich, die die Armee unterhalten, in ihrem Brod steht das Heer, der Meinem Befehl anvertrauten Truppen, und Arrest, Kassation und Todesstrafe wird die Folge sein, die jeder Contravenient von Meiner unbeweglichen Strenge zu erwarten hat." Die liberaleren Zeitströmungen hatten also auch hier ihren Einfluß nicht verfehlt und es blieb nicht bei der theoretischen Konzession an den Zeitgeist, sondern sie wurde auch in die Praxis umgesetzt, indem die Offiziere bei Streitigkeiten mit Bürgern fast immer Unrecht bekamen und für solche Ausschreitungen wesentlich härter, wie diese, im Schuldfall bestraft wurden. Dies war fraglos ein großer Fehler, da die recht plötzliche und ich möchte sagen, grundstürzende Änderung der maßgebenden Anschauungen dazu angetan war, Unsicherheit in die Verhältnisse zu bringen und das, wenn auch übertrieben, Selbstvertrauen der Offiziere und Soldaten zu erschüttern.

Und doch änderte die königliche Meinungsäußerung wenig an den im Offizierkorps geltenden Anschauungen, wie die vorher angeführten Urteile zeigen, wenn freilich die meist außerordentlich nachteiligen Urteile der zeitgenössischen Schriftsteller stark gefärbt und übertrieben sind. Ich führe hier nur eins aus „dem Gemälde der gesellschaftlichen Zustände im Königreich Preußen bis zum 14. Oktober 1806" an: „Die Idee der Erbuntertänigkeit ging nämlich ebenso durch die Armee, als durch den ganzen Staat und die Folge davon war, daß es für den, welchen man den Gemeinen nannte, nur Pflichten, aber keine Rechte gab und daß auf gleiche Weise der Offizier nur Rechte, aber keine beschwerlichen Pflichten kannte."

Wenn so der Offizier in der großen Mehrzahl trotz aller königlichen Ermahnungen sich dem Bürgerstande gegenüber fremd und gänzlich exklusiv verhielt, so stand er ebenso dem Manne schroff gegenüber. Die Zeiten hatten sich auch hier geändert, denn der Soldat war nicht mehr in überwiegender Zahl aus dem Abschaum der Menschheit, aus Überläufern und Tagedieben hervorgegangen, die nur mit der äußersten Strenge und Rücksichtslosigkeit zusammengehalten werden konnten und verlangte daher eine humanere Behandlung. Hierfür hatte man fast durchweg kein Verständnis, sondern verharrte, in ganz falsch verstandener friederizianischer Tradition, in kaltem und schroffen Verhalten gegen die Untergebenen, ungeachtet aller Mahnungen des Königs, die es dem Offizier zur Pflicht machten, sich die „für den Krieg so unentbehrliche Liebe des gemeinen Mannes zu erwerben".

Der Geist des Offizierkorps begann aber auch in anderer Richtung gefährliche Auswüchse zu zeitigen. Man begnügte sich nicht mehr der bewährten Tradition gemäß damit, seinen Wirkungskreis lediglich in den militärischen Pflichten und seine Ehre in kritiklosem Gehorsam gegen die königlichen Befehle zu suchen, sondern strebte danach, politischen Einfluß auf den Gang der Dinge zu gewinnen. Es wird erzählt, daß eine Anzahl Garde-Offiziere in der Zeit der politischen Spannung mit Frankreich eines Abends vor die französische Gesandtschaft gezogen seien und dort auf der Türschwelle ihre Säbel gewetzt hätten. Ferner schickten sie in derselben Zeit ihre Wachtmeister als Statisten in „Wallensteins Lager" und ließen sie dort ostentativ das Reiterlied mitsingen. Mag nun die Geschichte von den säbelwetzenden Garde-Offizieren historisch fest nachgewiesen sein oder nicht, bezeichnend ist sie für jene Zeit. Die späteren Vorkommnisse in den Jahren nach 1806, die Bildung von politischen Vereinen derselben Offiziere, der Zug Schills und anderes mehr, beweisen, daß das Offizierkorps angefangen hatte, dem Grundsatz der Selbsthilfe, auch gegen den ausgesprochenen Willen des obersten Kriegsherrn, zu huldigen.

Was die Lebenshaltung des Offizierkorps anbetrifft, so finden wir eine bedauerliche Zunahme eines üppigen und ruinösen Lebenswandels. Schuldenmachen und Spiel griffen in bedenklicher Weise trotz strengster Verordnungen um sich. Hauptsächlich zeigte sich dies natürlich, wie es stets der Fall ist, in den großen Garnisonen, vor allen Dingen in Berlin und Potsdam.

Dabei nahmen auch die leichtsinnigen Heiraten zu, obgleich die Vorschriften des Reglements noch immer sehr strenge Anforderungen an die Erteilung des Konsenses stellten. In bezug auf die Heirat eines Kapitäns heißt es in dem vorerwähnten Reglement, es sei pflichtmäßig zu berichten, „ob die Partie convenable sei, und der Offizier dadurch seine Umstände verbessere", nur in solchem Falle will der König seine Zustimmung erteilen. „Den Subaltern-Offizieren wollen Seine Majestät zwar gleichfalls wohl die Erlaubnis, sich verheyrathen zu dürfen, nicht gänzlich vorenthalten", jedoch soll der Kommandeur „mit sehr viel Sorgfalt sich nach den Vermögensumständen der Braut" erkundigen und es soll auch Rücksicht auf die Konduite des Betreffenden genommen werden, „sonderlich, ob er ein guter Wirth sey". Der König macht die Kommandeure dafür verantwortlich, „wenn etwa durch einen übereilten Schritt besonders ein junger Offizier sich unglücklich machen sollte". Aber trotz alledem scheinen es die Kommandeure oft an der Sorgfalt der Erkundigungen und an einer genügenden Prüfung der Charaktereigenschaften des Offiziers haben fehlen lassen.

Bezüglich bürgerlicher Heiraten blieb der Zeiten Wandel nicht ohne Einfluß auf die maßgebenden Anschauungen, denn beispielsweise York hat als Kapitän eine Bürgerliche geheiratet und also die königliche Erlaubnis dazu erhalten. Es ist dies auch ein Zeichen für die freieren Anschauungen im Offizierkorps selbst, besonders, wenn man sich vergegenwärtigt, daß York ein Mann war, der außerordentlich viel von seiner Stellung als Offizier hielt.

Während Friedrich Wilhelm II. eine humanere Behandlung der Leute im Dienst forderte, welche dem Offizier die Liebe des Mannes erwerben sollte, zeigt das Reglement von 1788 kein Nachlassen in dem schroffen und rücksichtslosen Verfahren gegenüber den Offizieren; vor allem wird die entwürdigende Art des Strafvollzuges beibehalten.

Die über die Unterordnung der Offiziere handelnden Artikel könnten fast den Glauben erwecken, als ob es um die Subordination schlecht bestellt gewesen wäre. Artikel 4 (Tit. I 11. Teil) lautet: „Da sich auch besonders noch immerfort der Fall ereignet, daß die Subaltern-Offiziere ihren Kapitäns nicht die schuldige Subordination leisten und sich zuweilen sogar beleidigt glauben, wenn sie von selbigen zu ihren Obliegenheiten angehalten werden, so verordnen Se. Majestät hiermit, daß die Kapitäns jeden Subaltern-Offizier, welcher nicht sofort dem ihm gegebenen Befehl nachkommt, darüber raisonniert oder sonst sich subordinationswidrig beträgt, in Arrest schicken und dem Chef und Kommandeur des Regiments melden sollen usw."

Aber hiermit nicht genug, die Kapitäns werden auch noch durch persönliche Bedrohung mit Strafe und eventueller Meldung beim König zur größten Strenge gegen ihre Offiziere angehalten. Im Artikel 6 heißt es: „Der Kapitän muß sich unter allen Umständen bei seinen Offizieren in Achtung setzen, versäumt sich ein Kapitän darin und schickt er diejenigen Offiziere, welche sich vernachlässigen, nicht sofort auf die Hauptwache in Arrest, so versteht er entweder selbst den Dienst nicht, oder er vernachlässigt ihn"; er soll dafür „vom Chef angesehen" eventuell dem Könige gemeldet werden.

Ob es so strenger Weisungen bedurfte, um die Subordination aufrecht zu erhalten, Weisungen, die geradezu dazu angetan waren, eine rücksichtslose Behandlung aus egoistischen Gründen herauszufordern, das erscheint doch recht zweifelhaft. Für uns ist der Gehorsam grade von seiten des Offiziers so selbstverständlich, daß es besonderer Vorschriften darüber garnicht bedarf. Diese Verfügung konnte die damals drückend empfundene Macht der höheren Vorgesetzten den Subaltern=Offizieren gegenüber nur noch empfindlicher machen, sie gab ihnen einen neuen Freibrief zu der immer mehr überhand nehmenden Willkür. Friedrich Wilhelm selbst hatte in seinem Erlasse von 1787 schon darauf hingewiesen, daß vielfach die Kapitäns von „der Willkür und Laune" ihrer Oberen besonders in bezug auf ihre Kompetenzen abhängig seien, vielmehr war dies aber bei den Subaltern=Offizieren der Fall. Von der übertriebenen Kavalier=Freiheit derer, die sich mit ihrem Vorgesetzten vom Fleck aus wegen geringfügiger Dinge herumschlugen, war nicht mehr die Rede, im Gegenteil hing der Offizier in seinem Fortkommen und Wohlbefinden gänzlich vom Vorgesetzten ab und unterließ es möglichst von seinem Beschwerderecht Gebrauch zu machen. Selbständige und kräftige Naturen, wie York und Blücher, fanden daher keinen Raum in diesem Offizierkorps und mußten es als junge Offiziere für lange Zeit verlassen.

In dieser übertriebenen Strenge und Willkür dem Offizier gegenüber im Gegensatz zu außerordentlich humanem Wohlwollen für die Mannschaft und Komplimenten sowie Bevorzugungen gegenüber den Bürgerstand liegt eine fehlerhafte Vorbeugung vor dem Zeitgeist, die unwillkürlich bittere Gefühle in dem Stande, der den ersten Halt des Heeres und Staates bildete, hervorrufen und seinem frischen Geiste schädigen mußte. Das Bürgertum bedurfte wahrlich damals noch keiner besonderen Verehrung, es war grenzenlos spießbürgerlich, egoistisch, verweichlicht und kosmopolitisch gesinnt, konnte sich keiner besonderen Leistungen rühmen und sollte sich erst, in schwerer Zeit zur Besinnung gekommen, in den Freiheitskriegen die Achtung der Welt wieder erobern.

Falscher Humanität zu Liebe setzte man einen Stand, dessen man notwendig bedurfte, unnütz herab, vernachlässigte ihn und ließ seine größere Masse, wenn sie sich nicht in Schulden stürzen wollte, hungern.

Ein beneidenswertes Los ist es nicht, daß besonders den Subaltern-Offizieren vor 1806 beschieden war.

Im übrigen blieb auch weiterhin das Tun und Lassen der Offiziere nach allen Richtungen hin durch erschwerende Bestimmungen eingeschränkt und eingeengt, daran änderte das Reglement von 1788 verschwindend wenig. Charakteristisch für die engen Auffassungen über dasjenige Maß von persönlicher Freiheit und Selbstbestimmung, das man dem Offizierstande zubilligen wollte, sind auch hier wieder die Bestimmungen über Urlaub und Bekleidung.

Die Urlaubsbefugnisse der Vorgesetzten wurden um ein geringes gesteigert, indem der Chef bezw. Kommandeur eines Regiments jetzt 4 Tage Urlaub und der General-Inspekteur 14 Tage erteilen konnte. Aber was will das bedeuten, wenn man bedenkt, daß die Stellung des Chefs eine erheblich einflußreichere, wie die der heutigen Regiments-Kommandeure war, da jede weitere Zwischeninstanz bis zum General-Inspekteur fehlte und dessen Stellung etwa der eines kommandierenden Generals entsprach. War auch das Verhältnis zum König ein ganz anderes, wie heutzutage, indem jeder Offizier sich unmittelbar an ihn wenden konnte, so überlegte man sich es sicherlich zweimal, ehe man sich ohne die triftigsten Gründe an den obersten Kriegsherrn um längeren Urlaub wandte. Und gerade diesen, meist in ganz kleinen Orten das eintönigste Dasein führenden, Offizieren hätte man besonders im Hinblick auf die teuren Reiseverhältnisse auch mal einen längeren Urlaub gönnen können. Einen großen Teil der Schuld an dem Mangel an Initiative und der mechanischen Stumpfheit, welchen das Offizierkorps 1806 zeigte, hat dieses jahraus jahrein ohne wesentliche Unterbrechung dahinfließende, jeder Anregung entbehrende Leben sicherlich zu tragen.

Ebenso blieb es im wesentlichen bei den Bestimmungen über die Bekleidung. Es war vorgeschrieben, wie oft jedes Bekleidungs- oder Ausrüstungsstück durch ein neues zu ersetzen sei. Alle Jahre sollen sich die Offiziere bis herunter zum Kapitän eine neue „Mundirung" machen lassen, nur den Stabs-Kapitäns und Leutnants bleibt es überlassen, etwas schäbiger zu erscheinen, denn es heißt: „Das Beneficium, die Mundirung überzuschlagen (d. h. nicht jedes Jahr eine solche anfertigen zu lassen) ist ganz allein für den Stabs-Kapitän und die Subalternen".

In einer Beziehung werden die Ausgaben für die Bekleidung erleichtert, indem es gestattet wird, Überröcke außer Dienst und Interimsröcke ohne Stickerei auch im Dienst für diejenigen Regimenter, welche reiche Stickerei haben, zu tragen.

Die nützliche Einrichtung der Kleiderkasse blieb bestehen, es heißt in Artikel 7 des betreffenden Abschnitts: „Alle Offiziere vom Regiment lassen monatlich inclusive des Schärpenabzuges 4—5 Reichsthaler, je nachdem solches beim Regiment gebräuchlich ist, stehen." Dieser Abzug ist im Verhältnis zu dem heutigen, wenn man den relativen Geldwert ins Auge faßt, recht hoch zu nennen.

Mögen auch all' die zahlreichen und ausführlichen Bestimmungen damals wohl durchaus nicht als so drückend und beschränkend empfunden worden sein, so haben sie doch dazu beigetragen, Selbständigkeit und Individualität zum Schaden der Armee verkümmern zu lassen.

Kein Wunder, daß dieses Offizierkorps in seiner Zusammensetzung und Erziehung ganz veränderten Zeitumständen gegenüber versagte.

Lange Zeit hindurch hat man das Offizierkorps von 1806 auf das härteste verurteilt, kein gutes Haar an ihm gelassen und es ganz allein für den gewaltigen Sturz, den Preußen von seiner Höhe tat, verantwortlich gemacht. Neuerdings sucht man ihm vorurteilslos gerecht zu werden, wenn man auch in der Reinwaschung bisweilen etwas zu weit geht.

Zweifellos hatte das Offizierkorps große Fehler und Schwächen und kann nicht ganz frei von der Schuld an dem Umfang des Unglücks gesprochen werden, aber seine Schuld tritt weit zurück hinter den politischen, organisatorischen, strategischen und taktischen Fehlern und Unterlassungen, die man der Staats- und Heeresleitung zuschreiben muß.

Wie sollte der Offizier, bei dem ein falscher Dünkel der Unübertrefflichkeit durch seine Oberen künstlich großgezogen war, den Ernst der Lage richtig erkennen? Wo sollte er mit einem Mal die Selbständigkeit unter den denkbar schwierigsten Verhältnissen hernehmen, die man ihm durch Erziehung und Handhabung des Dienstes abgewöhnt hatte? Und wo sollte er, der persönlich schon seit Jahren sich zurückgesetzt sah, dem durch die jahrzehntelange schwächliche und ruhmlose Politik das Vertrauen zur Staatsleitung genommen war, den nicht ein Held, wie Friedrich der Einzige oder eine große, heilige Sache vorwärts trieb, plötzlich die hohe, aufopfernde, patriotische Begeisterung finden, die allein die Sache Preußens hätte retten können?

Es sind zu fast Zweidrittel dieselben Offiziere, welche mit beispielloser Aufopferung, mit Mut und Geschicklichkeit in den Freiheitskriegen Europa von seinem genialsten und gewaltigsten Unterdrücker befreiten. Da muß doch in ihnen ein guter, körniger Geist geschlummert haben, der nur der Erweckung bedurfte, um unsterbliche Taten zu vollbringen.

Der unglückliche Ausgang der Schlacht von Jena und Auerstädt ist in keiner Weise dem Pflicht- und Ehrgefühl der Offiziere zuzuschreiben, wenn einzelne Fälle von Unentschlossenheit und Mutlosigkeit vorgekommen sind, so fallen diese dem System, den strategischen und taktischen Fehlern der obersten Führung zur Last, die ein Bild traurigster Unentschlossenheit und unsichersten Umhertastens bietet.

Freisprechen kann man Geist und Erziehung des Offizier=
korps nicht von der Schuld an den wenig Ehrgefühl zeigenden
Vorfällen, die sich später auf dem Rückzug und bei den
Kapitulationen abspielten. Dinge, die dort geschehen, wären
unter dem großen König undenkbar gewesen.

Die Kapitulationen von Magdeburg und Küstrin vor
allem zeigen uns einen vollständigen Mangel von Mut, Ehr=
und Pflichtgefühl seitens der in Frage kommenden Offiziere.
Auf dem Rückzuge von Jena kam es des öfteren vor, daß
verheiratete Offiziere einfach ihre Truppe verließen und in
ihre Garnison vorausritten, um ihre Familien zu sehen oder
in Sicherheit zu bringen. Manche baten um Urlaub, um sich
mit Geld, Wäsche oder neuen Uniformen zu versehen und,
man sollte es kaum für möglich halten, dieser Urlaub wurde
ihnen bewilligt. Welche Auffassung von Vorgesetzten wie Unter=
gebenen!

Ein Offizier erbat sogar schriftlich seinen Abschied und
reiste, ohne diesen abzuwarten, im Wagen ab.*)

Solche schmachvollen Vorgänge sind unbedingt die Folge
des entnervenden Geistes des Aufklärungszeitalters mit seinem
überschwänglichen Humanitätsdusel gewesen, der es, wie Gnei=
senau sagte, für eine poetische Exaltation hielt, mit Anstand
zu fallen. Ich möchte hier noch einmal in Anbetracht der
Wichtigkeit dieses Moments, diese Anschauungen etwas näher
erläutern.

Von Frankreich und England war im 18. Jahrhundert
der Gedanke der Abrüstung und möglichst gänzlichen Ab=
schaffung stehender Heere ausgegangen. Sowohl die Enzyklo=
pädisten, wie auch Rousseau und seine Jünger verbreiteten
ihn mit dem ganzen Feuer ihrer grundstürzenden Beredsamkeit
und verschafften ihm in der gebildeten Welt eine große Ver=
breitung. Die Abrüstungsschwärmerei war damals womöglich

---

*) 1806, das preußische Offizierkorps und die Untersuchungen der
Kriegsereignisse."

noch größer, wie heutzutage. Auch in Deutschland begannen um die Wende des 19. Jahrhunderts namhafte Denker und Gelehrte, denen sich in der Folge Offiziere von Ruf anschlossen, diese Ideen aufzugreifen. Wenn sie auch nicht so radikal, wie die französischen und englischen Philosophen, ein Milizsystem, anknüpfend an die falsch verstandenen Lehren des amerikanischen Freiheitskampfes, predigten, so war doch auch bei ihnen der leitende Gedanke der Abscheu vor dem Kriege und die Verachtung des Kriegshandwerks. Diese letzteren Momente waren die hervorstechendsten und in die Augen fallendsten, sie entsprachen so recht dem weichen und schwärmerischen Geist der Zeit und verfehlten nicht ihren Eindruck sogar auf den Offiziersstand. Eine außerordentliche Verbreitung fand sehr bezeichnender Weise das Werk eines ehemaligen preußischen Offiziers Namens Berenhorst, „Über die Kriegskunst". Gekränkter Ehrgeiz hatte ihn zu einem blinden und erbitterten Gegner Friedrichs des Großen und seines ganzen Systems gemacht; er versuchte aus dessen Kriegen nachzuweisen, daß alle diese Siege vollendeter Kriegskunst und eines hervorragend geschulten Heeres nur Zufall gewesen seien, ein unausgebildetes Heer leiste dasselbe und eine Kriegskunst, die gelernt sein wolle, gäbe es überhaupt nicht. Also weg mit den stehenden Heeren, das war der ständige Endrefrain seiner Ausführungen. Und dieses Buch fand reißenden Absatz unter den Offizieren, es bildete jahrelang ihr Wachtstuben- und Tischgespräch und wirkte um so gefährlicher, als es fraglos mit Geist, Witz und umfassenden Kenntnissen geschrieben war, die über manches paradoxe seiner Behauptungen leicht hinwegtäuschten. All' diese Ideen hatten nicht verfehlt, zahlreichen Offizieren eine gewisse Abneigung gegen den eigenen Beruf einzuflößen und sie den Krieg als ein großes Unglück betrachten zu lernen; wo sie Wurzel gefaßt hatten, können uns Vorgänge, wie sie oben angeführt wurden, nicht Wunder nehmen.

Wie das ganze System Unentschlossenheit und Mangel an Initiative hervorgerufen hatte, dafür zwei autentische Zeugnisse, welche dem vom Generalstab herausgegebenen Werke: „1806 das preußische Offizierkorps und die Untersuchungen über die Kriegsereignisse" entnommen sind. Major von Kleist vom Regiment König sagt in seinem Bericht: „Wenn einer oder der andere sich besser hätte nehmen können, so muß man vieles darauf rechnen, daß hier Fälle entstanden sind, auf welche keine bisherige Norm anzupassen war, und daß Neuheit in der Sache manchmal einen Entschluß hervorbrachte, den man höchst unrecht haben würde, der Mutlosigkeit zuzuschreiben; ich bin vielmehr fest überzeugt, daß jeder meiner Regimentskameraden zehnfach sein Leben aufs Spiel gesetzt haben würde, wenn er durch eine Weigerung seine Ehre zu beflecken gefürchtet haben würde." Besonders drastisch beleuchte folgender Vorfall, die jede Selbsttätigkeit und freiere Auffassung tötende Erziehung des Offizierkorps. Bei einem Kürassier-Regiment wurden mehreren Offizieren gleich zu Anfang der Schlacht die Pferde erschossen; sie blieben zu Fuß, weil es streng verboten war, Dienstpferde zu reiten und dies früher stets mit Arrest bestraft worden war.

Ganz abgesehen von der Unfähigkeit der Führer und der taktischen Rückständigkeit, war auch eine Lässigkeit und ein Schlendrian in die Armeeverwaltung vor 1806 eingerissen, die an Zustände in der russischen Armee vor dem russisch-japanischen Kriege erinnern. Hierfür nur ein Urteil aus dem Munde Friedrich Wilhelms III. selbst. Der König erzählte Boyen einmal folgendes: Es sollte in seiner Gegenwart eine Probe mit einem neuen Gewehr abgehalten werden. Als man jedoch beginnen wollte, merkte man erst, daß für den Versuch gar keine kalibermäßige Patrone angeschafft worden war. Er fügte hinzu: „Ich verlor den Mut, mit solchen Leuten Krieg zu führen."

Wenn auch, wie schon gezeigt, dem Offizierkorps manche große, nicht fortzuleugnende Schäden angehaftet haben, die das Unglück von 1806 haben vergrößern helfen, so sind doch die wilden Schmähungen, mit denen Presse und Gelegenheitsschriften über dasselbe herfielen, ebenso übertrieben, wie ein trauriges Zeichen, der elenden, vaterlandslosen Gesinnung der damaligen gebildeten und gelehrten Welt in Preußen. In einer dieser Schmähschriften heißt es: „Die zurückkehrenden Gemeinen schrieen alle: wir sind verraten und verkauft worden, die Offiziere waren alle hinter der Front"; der „Telegraph", eine Berliner Zeitung, feierte die Wiederkehr des 14. Oktober mit der Behauptung, daß der ganze europäische Kontinent sich zur Erniedrigung Preußens Glück wünschen könne und zeigt so die traurige Verfassung eines Volkes, das wahrlich die schweren Jahre französischer Knechtschaft bedurfte, um sich auf sich selber zu besinnen. Scharnhorst ruft in edler Entrüstung über diese gesinnungslosen Besserwisser aus: „Die niedere Krittelei unserer Schriftsteller stellt unseren Egoismus, unsere Eitelkeit und die niedere Stufe der Gefühle und der Denkungsart, die bei uns herrschen, am vollkommensten dar" und weiter „nie werde ich mich auf Widerlegungen einlassen und zu dem Pöbel der Gelehrten mich gesellen."

Gegen all' die Übertreibungen halte man die tatsächlichen Feststellungen der bei den Regimentern eingesetzten Untersuchungskommission, die das Verhalten jedes einzelnen Offiziers während der Schlachten und Gefechte und auf dem Rückzuge zu prüfen hatten. Nach Abschluß der Untersuchungen wurden dem Könige 23 Offiziere wegen ihres Verhaltens in den Schlachten und Gefechten als strafbar namhaft gemacht, wegen ihres Verhaltens auf dem Rückzuge — außer den Desertierten und infolge Abschlusses der Kapitulationen bestraften — sind 64 Offiziere bestraft worden und von diesen hatten noch 9 das Zeugnis bedingter Vorwurfsfreiheit mit der Aussicht auf Anstellung hinter allen vorwurfsfreien Offizieren erhalten.

4. Kapitel.
Die Reorganisation.

Nach dem Tilsiter Frieden galt es, ein neues Heer und ein neues Offizierkorps zu schaffen. Denn das alte, als eine heilige Erbschaft Friedrich des Großen angesehene System in Heer und Offizierkorps, hatte sich als unhaltbar erwiesen. Die vorerwähnte Untersuchungskommission bei den Regimentern nahm eine Reinigung derselben von direkt unwürdigen Elementen vor, aber damit war noch nichts für den Neuaufbau des zusammengebrochenen, einst so herrlichen Gebäudes getan. Es war ein großes Glück für den preußischen Staat, daß er an dieser kritischen Schicksalswende den Fürsten und die genialen Männer besaß, welche es allein auf die richtige Bahn leiten konnten. Ohne Friedrich Wilhelms III. unbeugsame Gewissenhaftigkeit, mit der er das einmal als richtig Erkannte gegen alle Versuche einer mächtigen Reaktion festhielt, ohne ein schöpferisches Genie, wie Scharnhorst, wäre keine so glückliche Vereinigung von altbewährter Tradition und den veränderten Zeitumständen entsprechenden Neuerungen bei Umbildung des Offizierkorps zustandegekommen.

Schon damals schwebte den führenden Geistern die Bildung eines Volksheeres, wie es die Einführung der allgemeinen Wehrpflicht von 1814 brachte, als die allein brauchbare Form für die Kriege des Nationalstaates vor Augen. Das alte, kastenartig vom Volk getrennte Offizierkorps konnte aber nie Führer und Erzieher eines solchen werden. Auch hatte das Bürgertum an Bildung und Besitz einen solchen

Aufschwung genommen, seine Stellung im Staate hatte sich so geändert, daß man seine aufstrebende Jugend nicht mehr von der ehrenvollen Laufbahn des Offiziers ausschließen konnte. Was auch Männer, wie York, sagen mochten, mit der Anschauung, daß allein der adelig Geborene sich zum Offizier eigne, mußte endgültig gebrochen werden.

Hören wir hierüber das Gutachten der vom König unter Scharnhorst's Leitung eingesetzten Immediat=Kommission: „Einen Anspruch," heißt es hier, „auf Offizierstellen können im Frieden nur Kenntnisse und Bildung gewähren, im Kriege ausgezeichnete Tapferkeit, Tätigkeit und Überblick. Aus der ganzen Nation müssen daher alle Individuen, die diese Eigenschaften besitzen, auf die höchsten militärischen Ehrenstellen Anspruch machen können. Indem man bisher einem einzigen Stande diese Vorrechte gab, gingen alle Talente und Kenntnisse des übrigen Teils der Nation für die Armee verloren, und dieser Stand sah sich garnicht in die Notwendigkeit versetzt, sich die militärischen Talente zu erwerben, da seine Geburt und eine lange Lebensdauer ihn zu den höchsten militärischen Ehrenstellen hinaufbringen mußte. Hierin liegt der Grund, warum die Offiziere in ihrer Bildung gegen alle übrigen Stände soweit zurück waren, aus eben diesem Grunde wurde die Armee als Staat im Staate angesehen, von den übrigen Ständen gehaßt und zum Teil verachtet, da sie doch die Vereinigung aller moralischen und physischen Kräfte aller Staatsbürger sein sollte."

Diese Kommission, die Militär=Reorganisations=Kommission, wurde vom König bereits am 25. Juli 1807 eingesetzt, um Vorschläge für den Umbau des Heeres zu machen. Ihre bedeutendsten Mitglieder, nächst dem Vorsitzenden Scharnhorst, waren Grolmann, Gneisenau und Boyen, glänzende Namen aus Preußens Wiedergeburt.

Den Vorschlägen der Kommission entsprechend, wurde der Offizierersatz nach den oben angeführten Leitsätzen au ganz neuen Grundlagen aufgebaut. Ihre hervorstechenden Merkmale sind kurz folgende: Das Offizierkorps wird ein rein nationales, jeder gebildete junge Mann kann Offizier werden, wenn er seine Befähigung nach entsprechender Vorbereitung durch ein Examen dargelegt hat, und bedarf darauf der Wahl durch das Offizierkorps seines Regiments.

Die Forderung nach einer höheren Bildung war nicht neu, denn auch nach früherem Grundsatz sollte der Offizier hierin über dem Manne stehen. Aber sie war vollständig vernachlässigt und bestimmte Kenntnisse längst nicht mehr gefordert worden; von den nach dem siebenjährigen Kriege eingetretenen Offizieren urteilte Boyen, sie seien teils von vernachlässigter, teils von unvollendeter Jugendbildung gewesen.

Die Offizierwahl zeigte im neuen Gewande das traditionelle Zusammengehörigkeitsgefühl und die gemeinschaftliche Bürgschaft für ehrenhafte Gesinnung und vornehme Erziehung des Offizierkorps; sie ward eine absolute Notwendigkeit, wo jedermann der Eintritt in dasselbe offen stand. So sehen wir hier schon eine verständnisvolle Verbindung der altbewährten Traditionen mit den Erfordernissen einer neuen Zeit.

Die Ordre vom 6. August 1806 bestimmte demnach: „Zu diesen Portepeefähnrichs-Stellen kann jeder junge Mann, der das 17. Jahr vollendet und, nachdem er vorher wenigstens 3 Monate als Gemeiner gedient hat, gelangen, sobald er die gehörigen Kenntnisse besitzt, die von einer in der Hauptstadt des Armeekorps dazu niedergesetzten Kommission geprüft werden, und sobald seine Aufführung bis dahin tadellos und gut gewesen, auch solches durch glaubhafte Atteste dargetan ist."

Die für dieses Examen geforderten Kenntnisse waren folgende:
1. Erträgliches Schreiben in Hinsicht der Kalligraphie und Orthographie;
2. Arithmetik inklusive Proportion und Brüche;
3. Ebene Geometrie, die ersten Anfangsgründe;

4. Planzeichnen, verständlich, wenn gleich nicht schön;
5. Elementare Geographie;
6. Allgemeine Weltgeschichte, vaterländische Geschichte.

Wenn auch diese Anforderungen sehr bescheiden zu nennen sind, so stellen sie doch ein weit höheres Maß von Kenntnissen dar, als sie der größere Teil, namentlich der nicht in einem Kadettenkorps aufgewachsenen, Offiziere des 18. Jahrhunderts tatsächlich besessen hatten.

Wird nun eine Offizierstelle im Regiment frei, so wählen sämtliche Premier- und Sekondleutnants aus den 14 etatsmäßigen Portepeefähnrichen 3, welche zur Offiziers-Prüfung geschickt werden. Für diese werden erhöhte Kenntnisse in den vorerwähnten Fächern verlangt, ferner Französisch, „soviel, daß er aus dem Französischen ins Deutsche übersetzen kann," außerdem die Anfangsgründe der Fortifikation.

Unter den 3 Geprüften wählen sämtliche Stabs-Kapitäns und Kapitäns den Besten aus, welchen darauf der Kommandeur und die Stabsoffiziere dem König zur Beförderung zum Sekondleutnant in Vorschlag bringen.

Der Wahlmodus ist ja noch ein sehr komplizierter, er entsprach aber sicherlich den damaligen Verhältnissen und hatte den großen Vorzug, daß er ungeeignet erscheinende Elemente erst garnicht zum Offiziersexamen und damit zu gewissen berechtigten Hoffnungen kommen lassen brauchte. Das Schwergewicht lag bei den Subaltern-Offizieren, denn sie entschieden darüber, ob ein Portepeefähnrich überhaupt zum Examen zugelassen wurde; sie hatten ja am meisten Gelegenheit, den Fähnrich, vor allem in seinen Charakter-Eigenschaften, kennen zu lernen, und in dieser Hinsicht das beste Urteil über seine Würdigkeit. Bemerkenswert für die Gründe, welche die Kommission bei Vorschlag der Offizierwahl leiteten, ist eine Stelle in einem Antwortschreiben vom 25.9.1807 an den König. Sie lautet: „Zu der Brauchbarkeit der jüngeren Offiziers würde es von wesentlichen Folgen sein, wenn beim Avancement zum Offizier . . . . nicht dem Kommandeur und Chef der Vorschlag allein überlassen würde, weil diese zu wenig Gelegenheit haben, die u. s. w. kennen zu lernen, und nicht selten durch andere Verbindungen abgehalten werden, den Allerhöchsten Interessen gemäß ihre Auswahl zu treffen."

Der Offizier-Ersatz erfolgte nach wie vor, neben den bei den Regimentern auf Beförderung eintretenden jungen Leuten, durch das Kadettenkorps. Für dieses wurden 1809 die Vorrechte des Adels aufgehoben und, als in erster Linie zum Eintritt berechtigt, die Söhne gefallener, sowie die Söhne und Waisen pensionierter und hilfsbedürftiger Offiziere genannt.

Besonders bemerkenswert ist die durch A.K.O. vom 8.5.1810 erfolgte Errichtung von Kriegsschulen als Vorbereitungsanstalten für das Offiziers-Examen. Zunächst wurden solche in Berlin, Königsberg und Breslau errichtet, sie hatten, ähnlich wie jetzt, neunmonatige Kursen.

Für die theoretische Weiterbildung der Offiziere wurde gleichzeitig die „École militaire" Friedrichs des Großen, die ja mit mancherlei Mängeln behaftet war, zur heutigen Kriegs-Akademie umgewandelt (1810). Sie umfaßte, wie jetzt noch, drei Jahrgänge mit je 9 monatigen Kursen; die drei nicht für den Unterricht bestimmten Monate dienen praktischen Übungen. Für den Eintritt sind im allgemeinen schriftliche Aufnahme-Arbeiten an den Chef des Generalstabes einzureichen.

In bezug auf die Beförderung wurde mit dem starren Anciennitäts-Prinzip gebrochen, das ja nach Friedrichs des Großen Tode geradezu groteske Formen angenommen und schweren Schaden angerichtet hatte.

Der König teilte hier ganz Scharnhorst's Anschauungen und ging sogar soweit, daß er ein Examen vor der Beförderung zum Stabsoffizier in Erwägung zog. Er sagt in einem Zusatz zu einem Gutachten der Immediat-Kommission, es könne beim Avancement zum Major eine Prüfung stattfinden, und, wer darauf verzichte, bleibe Kapitän. Praktisch ist diese Anregung nicht zur Durchführung gekommen, die ja auch leicht hätte dazu führen können, die theoretischen Kenntnisse über praktische Befähigung zu stellen, aber sie zeigt das ernste Bestreben, für die höhere Stellung unbedingt die nötigen Fähigkeiten zu verlangen.

Wieviel Unglück für den Einzelnen, wieviel Nachteil und Schaden für die Staatskasse, hatte sich nicht aus der ungesunden Geldwirtschaft des alten Systems ergeben? Hier war eine Reform an Haupt und Gliedern, ein völliger Bruch mit dem Alten, dringenste Notwendigkeit, das ganze Besoldungswesen mußte auf neue gesunde Grundlagen gestellt werden. Dies ist denn auch geschehen.

Die Selbstwirtschaft der Kompagnieen und mit ihr das Urlaubersystem hörte auf. Gleichzeitig wurde die alte Unsitte beseitigt, daß jeder General und Stabsoffizier zur Erhöhung seiner Bezüge Inhaber einer Kompagnie war und die Einkünfte für einen Kapitän fortnahm.

Für alle Dienstgrade wurde nunmehr ein festes und ausreichendes Gehalt festgesetzt. Bezüglich dieses festen Diensteinkommens sagt Scharnhorst in einer Denkschrift, daß die Generale und Stabsoffiziere sich durchweg nach den neuen Besoldungssätzen besser ständen, als die Zivilbeamten gleicher Rangstufe. Die Räte in der Regierung hätten eine geringere Besoldung, als die Kompagnie-Chefs. Hierzu komme, daß in keinem Staate Europas die Besoldungen des Militärs in Hinsicht der Generale, Stabsoffiziere und Kompagnie-Chefs so hoch seien, wie in Preußen. Er hebt dann noch einmal den Vorteil hervor, der darin liege, daß der Kompagnie-Chef im Kriege, nicht wie früher durch Einberufung sämtlicher Beurlaubten seine Einkünfte fast verliere, sondern sie sogar erhöht sähe.

Aber auch die Subaltern-Offiziere und Stabs-Kapitäns erfuhren eine zum Teil nicht unbeträchtliche Gehaltsaufbesserung.

Durch A.K.O. vom 11.7.1808 betreffend den Verpflegungs-Etat für die Infanterie und die Ordre über die Bezüge der Generale wurden die neuen Gehaltssätze festgesetzt. Um leicht einen Vergleich zu ermöglichen, will ich die Sätze von 1788 für die Offiziere vom Kompagnie-Chef abwärts danebenstellen. Es erhielten monatlich:

Generalleutnant	333 Taler	8 Groschen	(als Kombr. Zulage von 200 Taler)
Generalmajor	250 "		(als Kombr. Zulage von 100 T.)
Regiments-Kombr.	208 "	8 Groschen	
Stabsoffizier	150 "		1788
Kapitän	100 "	66 Tal. 16 Gr.	(festes Gehalt)
Stabs-Kapitän	30 "	15 "	18 "
Premierleutnant	25 "	15 "	18 "
Sekondeleutnant	17 "	13 "	— "

Wir sehen also vor allen Dingen die Gehälter der Stabs-Kapitäne und Premierleutnants, nach den schlechten Beförderungsverhältnissen, Leuten von reiferen Lebensalter, ganz wesentlich verbessert.

Zunächst allerdings gelangten die Offiziere nicht in den vollen Genuß der erhöhten Bezüge, denn die außerordentliche Notlage des Staates machte dies unmöglich; die harten Zeiten nach dem Tilsiter Frieden forderte von jedermann große Opfer. Nach einer schon am 26.2.1808 erlassenen Kabinetts-Ordre wurden sämtlichen Offizieren im Verhältnis zur Höhe ihres Gehalts bestimmte Prozente wegen der Notlage des Staates abgezogen.

Ebenso ging es mit den unter dem 14.7.1808 festgesetzten Pensionen. Nur die Stabs-Kapitäns und Premierleutnants erlitten geringe, die Sekondeleutnants keine Abzüge; für die Generale und Stabsoffiziere waren sie sehr hoch und gingen sogar bis zur Hälfte der Pension. Die Sätze sind fast dieselben, wie sie von Friedrich Wilhelm II. festgesetzt worden waren und zwar sollten erhalten:

Generalleutnant	1200 Taler
Generalmajor	800– 1000 Taler
Oberst	600– 800 „
Oberstleutnant	500 Taler
Major	400 „
Kapitän	300 „
Stabskapitän	150 „
Premierleutnant	120 „
Sekondeleutnant	96 „

Interessant ist noch die Bestimmung, daß diejenigen Offiziere, deren Vermögen oder das ihrer Gattin die vorgeschriebene Pension erreicht, in Anbetracht der Lage des Staates keine solche erhalten sollten. Es wird von ihrem Ehrgefühl erwartet, daß sie keine den Sätzen „widersprechende Erhebungen begehen" und falsche Angaben werden mit hohen Geldstrafen belegt.

Die Stellung des Offiziers blieb eine besonders bevorzugte, wenn auch alles das, was an die privilegierte Kaste von ehemals erinnerte, mit der Öffnung des Berufes für die Bürgerlichen von selbst fortfiel. Der Offizier jeden Grades durfte weiterhin bei Hofe erscheinen, aber der schroffe Vorzug, der besonders unter dem großen Friedrich dem jüngsten Offizier vor dem höheren Beamten gegeben wurde, fiel der verdienten Vergessenheit anheim.

Die alte Sitte, sich unmittelbar an den König mit Wünschen und Gesuchen zu wenden, mochte in einem kleinen Offizierkorps eine gewisse Berechtigung gehabt haben, in dem wachsenden Heere hatte sie fraglos disziplinwidrig gewirkt. So waren denn auch früher schon diesbezügliche Verbote ergangen, ohne daß sie eine ausreichende Beachtung gefunden hätten. Eine A.K.O. vom 16.9.1808 schrieb jetzt unter Androhung von Bestrafung für alle Gesuche den Dienstweg vor.

Den neuen Grundsätzen und der von Grund aus geänderten Stellung des Heeres im Staate entsprechend, war es auch selbstverständlich, daß die Stellung der Offiziere dem Zivilstande gegenüber eine andere werden mußte. Den höheren Befehlshabern wurde es daher zur Pflicht gemacht, „darüber zu wachen, daß ihre Untergebenen und besonders die jüngeren Offiziere sich keiner Verletzung der Bescheidenheit und Achtung gegen Personen vom Zivilstande zu Schulden kommen lassen," diese sollen darüber belehrt werden, „daß nur ein höfliches Betragen gegen Personen anderer Stände den Mann von Erziehung bezeichnen und ihm am gewissesten die öffentliche Achtung sichern."

Friedrich II. hingegen hatte ausdrücklich gefordert, daß die Offiziere überhaupt keinen Verkehr mit Bürgern pflegen sollten. Jetzt war der Offizier nicht mehr der Führer von Söldnern, von denen ihn eine tiefe, unüberbrückbare Kluft trennte, er sollte zugleich Lehrer und Erzieher eines Volkes in Waffen werden. Dazu mußte er aber im Volke stehen, mit seinen Gebildeten in Beziehung treten, sich der öffentlichen Achtung und des allgemeinen Vertrauens erfreuen. Hierzu wollte ihm die angeführte Ordre helfen.

Alle Vorschriften, welche sich auf Standesbewußtsein und Standesehre beziehen, atmen einen neuen, freien Geist, es fällt die Enge der alten reglementarischen Bestimmungen. Sie zielen darauf hin, den Offizier zur Selbständigkeit, zur freien Aneignung eines geläuterten, aus eigener innerer Überzeugung sprießenden Ehrgefühls zu erziehen. Selbständigkeit und Selbsttätigkeit, nicht gedankenlos schematisches Handeln nach Vorschriften und Gebräuchen sind überhaupt eine der Angelpunkte der Reformen.

An der Spitze dieser Einrichtungen steht die Einführung der Ehrengerichte der Regimenter. Nicht mehr der Chef oder Kommandeur des Regiments wacht allein über die Wahrung der ehrenhaften Gesinnung aller seiner Offiziere, sondern das

Offizierkorps ist hierfür solidarisch verantwortlich. Jeder einzelne hat dafür zu sorgen, daß unlautere und unwürdige Elemente zur Rechenschaft gezogen und entfernt werden. Aber auch jeder Offizier, der seine ehrenhafte Gesinnung, sein makelloses Handeln bezweifelt, seine Ehre bedroht glaubt, kann eine ehrengerichtliche Untersuchung gegen sich selbst beantragen.

Das Generalstabswerk, „1806, das preußische Offizierkorps und die Untersuchungen der Kriegsereignisse," sagt über den Wert der Einrichtung der Ehrengerichte sehr zutreffend: „Ihnen ist es zu danken, daß nach den Befreiungskriegen der völlig umgestalteten, neuen Armee der alte preußische Offiziergeist erhalten blieb."

Von Bedeutung für die Heranbildung eines verfeinerten und geläuterten Ehrgefühls ist auch die Reform der Militär-Justiz geworden. Sie hat alles beseitigt, was auch schon vorher mit den Anschauungen von der Ehre des Offiziers nicht mehr vereinbar gewesen war, und hat mit dazu beigetragen, den Gedanken verbreiten zu helfen, daß dem Manne von Ehre die Ehre des anderen ebenso heilig sein müsse, wie die eigene.

Wir haben gesehen, wie rücksichtslos und unwürdig die Disziplinarstrafgewalt über die Offiziere seitens der Vorgesetzten gehandhabt wurde und wie sie direkt darauf hinzuzielen schien, den jungen Offizier abzustumpfen und gegen Bestrafung gleichgültig zu machen. Diese unhaltbaren Verhältnisse wurden durch „die Verordnung wegen Bestrafung der Offiziere" vom 3.8.1808 völlig umgestaltet, denn sie ist aufgebaut auf der Voraussetzung des feinsten Ehr- und Pflichtgefühls bei jedem preußischen Offizier.

In der Einleitung zu dieser Verordnung heißt es: „Eingedenk, daß hie und da die den Offizieren Höchst Ihro Armee von ihren Vorgesetzten zuerkannten Strafen nicht immer mit der dem gesammten Offizierstande gebührenden Achtung angeordnet wurden, verordnet Se. Majestät usw." Hiermit wird also die Unwürdigkeit des bisherigen Verfahrens offiziell anerkannt. Es folgt dann weiterhin, kein Vorgesetzter solle künftighin das Recht haben, „seine untergebenen Offiziere, wie es wohl sonst schon wegen kleiner Exerzierfehler geschehen, durch einen Unteroffizier und 2 Mann nach dem Arrestort abführen zu lassen." Der Offizier geht allein oder in Begleitung eines Kameraden und sendet seinen Degen an den Vorgesetzten. Bei Vorladung zu einem Verhör begleitet ihn ein älterer Offizier vom Arrestort hin und zurück, „wobei er seinen Degen, solange er über die Straße gehen muß, zurückerhält."

Es heißt dann ferner: „Se. Majestät hegen zu dem Ehrgefühl der Offiziere Höchst dero Armee das Vertrauen, daß ein von dem Vorgesetzten ohne Zeugen gegebener Verweis in den meisten Fällen seinen Zweck nicht verfehlen wird."

An Stelle der bisherigen Verbüßung der Arreststrafe in einem Arrestlokal tritt der Stubenarrest in der eigenen Wohnung; wer sich aus diesem entfernt, „soll nicht mehr fähig sein können, Offizier zu bleiben, da er seine Wortbrüchigkeit durch Arrestverlassung hinlängst dargetan hat."

Im übrigen werden auch die noch heute gegen Offiziere vorgeschriebenen Disziplinarstrafen eingeführt.

Bei aller freien Auffassung verlangen diese neuen Vorschriften jedoch die peinlichste Aufrechterhaltung der Disziplin, sowie der unbedingten Autorität von Vorgesetzten und älteren Kameraden in und außer Dienst, sowie kameradschaftliche Erziehung untereinander.

In der oben angeführten Verordnung über die Bestrafung der Offiziere finden wir folgende diesbezügliche Stelle: „Allerhöchstderoselbe bemerken hierbei mißfällig, daß es sich besonders in den letzten Zeiten gezeigt hat, daß hier und da die jungen Offiziere in öffentlichen Gesellschaften, auf Bällen, Ressourcen ꝛc. sich der Achtung entbunden glauben, welche sie dem Rang jedes älteren Offiziers schuldig sind. Ein solches unverständiges Benehmen zeugt von Mangel an Kultur und Einsicht". Derjenige Offizier, welcher sich solches erlaubt, ist unfähig zur Beförderung, der Ältere, der es sich gefallen läßt, seines Postens nicht würdig; beides soll in den Konduitenlisten Aufnahme finden."

Die älteren Offiziere haben das Recht und die Pflicht, „die Unbedachtsamkeit der jüngeren oder ungebildeten Mitglieder des gesamten Offizierstandes in Führung ungeschickter Reden und Aussprechung ungeziemender Urteile über öffentliche Angelegenheiten oder Staatsverhältnisse in die Schranken der Behutsamkeit zurückzuführen und auf ein vorsichtiges Betragen zu achten."

Die Verordnung schließt mit den Worten: „Schließlich erklären Se. Königliche Majestät, daß es Allerhöchstderoselben zum Wohlgefallen gereichen wird, wenn sich ein Offizierkorps durch Dienstpünktlichkeit seiner Mitglieder, durch achtungsvolles Betragen unter sich und anständige Behandlung der übrigen Stände auf eine vorteilhafte Art auszeichnet."

Überblicken wir noch einmal diese Reformen, so sehen wir, wie überall die Beseitigung der geistigen und persönlichen Beschränkung der alten, dem Zeitalter des aufgeklärten Absolutismus eigentümlichen Bevormundung obenan steht. Nur auf diesem Wege konnte das Offizierkorps zu der Selbständigkeit und Selbsttätigkeit erzogen werden, wie sie die neue Ära der Kriegführung seit Napoleon I. verlangte und wie sie 1806 so schmerzlich vermißt worden war.

Die Reformen von 1808—1814 haben es meisterhaft verstanden, bei allen notwendigen und einschneidenden Änderungen, doch dem Offizierkorps das zu erhalten, was in den Einrichtungen Friedrichs des Großen und seiner Vorgänger vorbildlich für alle Zeiten war, den ehrenfesten, vornehmschlichten und pflichttreuen Sinn, den kameradschaftlichen Geist und das sichere Standesbewußtsein. So von Grund auf und rücksichtslos in vieler Beziehung die Änderungen, da wo es nötig war, durchgeführt worden sind, überall hat man die großen Traditionen mit außerordentlichem Takte geschont.

Der Erfolg hat diese Reformen in vollem Maße gerechtfertigt, denn von ihnen ist eine neue, womöglich noch glänzendere Ära des preußischen Offizierkorps ausgegangen, von dem der große Bismarck in seiner berühmten Septemberrede sagen konnte: „wir haben ein Offizierkorps, welches uns kein anderes Land der Welt nachmachen kann."

www.ingramcontent.com/pod-product-compliance
Lightning Source LLC
Chambersburg PA
CBHW030123240426
43673CB00041B/1374